中公新書　2846

田中将人著

平等とは何か

運、格差、能力主義を問いなおす

中央公論新社刊

はじめに

かつて「一億総中流」といわれた時代があった。1958年度から実施されている「国民生活に関する世論調査」に由来するもので、関連する設問は以下のとおりである。

あなたのご家庭の生活の程度は、世間一般からみて、どうですか。このなかから一つお答えください。（上・中の上・中の中・中の下・下）

1958年の調査結果は、中の上＝3・4％、中の中＝37・0％、中の下＝32・0％だった。つまりこの時点で7割が中流意識をもっていたが、高度経済成長が一段落した70年代の初頭以降、9割以上が生活の程度を「中」だと安定して回答するようになった。日本経済のパフォーマンスやプレゼンスが高かった、1970年代から80年代にかけての昭和後期を、一般に「一億総中流」時代とよぶ。

筆者の個人史に照らしても、このことには実感がある。1982年生まれの私が小学生になったのは89年（平成元年）だが、その頃はたしかに社会に余裕があったようにも思う。私が生まれ育ったのは山あいの小さな村で、保育所から中学卒業までをクラス替えなしですごした。同級生の保護者の大半は地域の中小企業で働き、休日は農作業にいそしんでいたが、そうした田舎でもパック旅行でハワイやグアムに行くような友達もいた。車で30分の最寄りのデパートはいつも賑わいをみせていた。

小学校の卒業式当日に地下鉄サリン事件が起こった。この1995年あたりを画期として世相が変わったのは子どもながらにわかった。どこそこの父親が職を失ったらしいとの話も一度ならず耳にした。2001年、大学進学のため上京すると、地方と都会の格差をまざまざと見せつけられた。帰省するたびに商店街が急速にさびれていくのも印象的だった。少子化も急激にすすみ、ほどなくして通った小中学校は廃校になった。

かけだしの研究者であった2011年には東日本大震災と原発事故が起こり、日本社会のさまざまな経年劣化を目のあたりにした。三〇代の多くを非正規雇用ですごし、収入の大半は生活費で相殺された。似たようなライフスタイルを送っているだろう人を夜更けのスーパーなどでよく見かけた。一応は生活できていたとはいえ、将来の不安にさいなまれる日もあった。

この30年あまり、経済は停滞し、格差も広がった。このことには各種データの裏づけもある。おそらく読者の方々も、ごく若い人は別として、それぞれの来し方に結ぶ記憶をもっているだろう。かつての日本社会を懐かしく想う人もいるかもしれない。

だが実をいえば、いまなお「一億総中流」は存在することになっている。2022年（令和4年）の調査結果は、中の上＝13・9％、中の中＝48・9％、中の下＝26・2％であり、あわせて89・0％が生活程度を「中」だとしている。9割をわずかに切るとはいえ、数字だけをみればまぎれもなく総中流社会である。だがこのことに、どれほどのリアリティがあるだろうか。

ここにはシンプルな謎がある。調査によれば「一億総中流」なのだが、それはどこか白々しく響く。あわせて訊かれている「あなたのご家庭の生活は、これから先、どうなっていくと思いますか」との設問に対しては、実際、この30年で「良くなっていく」が減少し「悪くなっていく」が増加している。

相対的貧困も深刻なものとなってきている。これは、生存が危機に晒《さら》されている絶対的貧困ほどひどくはないが、普通ならできることが貧しさのために困難になっている状態を指す。大まかにいえば、可処分所得の中央値の半分以下で暮らす人びとが該当し、年収で一人世帯だと約130万以下、四人世帯だと約250万以下がラインとされる（2023年）。いまの日本の相対的貧困率は15・7％——一人親家庭に限定すると約50％——である。つまり、六人に一人は貧困であり、人によってはそれでも中流意識を抱いていることになる。

不平等は経済的なものにとどまらない。たとえば国会議員になる人の属性は偏っている。世襲の男性政治家の割合がきわめて多く、貧しい生まれや女性の政治家は少ない（国政での女性議員の割合は1〜2割ほどでしかない）。総理大臣などの要職に限定するとこの傾向はさらに強まる。日本経済団体連合会（経団連）のような有力な利益団体についても同様のことがいえる。もちろん政治家はみな選挙で選ばれているとはいえ、何かしらの不平等があることは疑いない。

少なからぬ人びとは自分の生活が、あるいは社会がよくないものになってきていると感じている。自由国民社が毎年12月に発表する「新語・流行語大賞」の2021年トップテンには「親ガチャ」が選ばれている。ガチャとはクジのことであり、子どもが親を選べないことを皮肉をこめて表したスラングである。虐待をする親や貧困家庭のもとに生まれた場合、「親ガチャに外れた」などといわれる。

ただしこのとき、同時に「ジェンダー平等」も選ばれている。性別・性的指向での差別はあってはならないし、不平等は望ましくない。残念ながらそれらはまだ認められるし、ゆえにこの用語が選ばれたのだが、ジェンダーの平等という目標が広まることはわるくはない。「親ガチャ」には冷笑とも諦めともつかぬニュアンスがあるが、少なくともこちらには前向きな姿勢が認められる。

あたかも私たちはダブルバインド、すなわち二つの矛盾したメッセージに直面して混乱した状態に陥っているかのようだ。一方では平等が崩れてきている実感がありながら、他方ではなお中流意識をもちつづけている。あるいは、不平等の進展をシニカルに傍観しているようでいて、でもどこかでそうした流れを変えなければと思っている……

なぜだろうか。おそらくそれは「平等」と「不平等」について、基準となる考えをもちあわせていないからではないか。もちろん誰もが平等について何がしかを知っている。日々のニュースは不平等を話題にする。しかし、平等・不平等とはそもそも何か、なぜそれが望ましいのか・望ましくないのか、あるいはどうあるべきかについて考えをめぐらせることは、あまりないように思われる。

たとえば「機会の平等」と「結果の平等」というペアはよく知られている。そして大抵は「機会の平等は必要だが、結果の平等はそうではない」といわれる。本人に責めのない事情（家庭が貧しいなど）で深刻な格差が生じるのは問題だが、努力して業績をあげた人とそうでない人を同列に扱うのも問題だ、というわけである。これに対して、本書では、機会の平等は万能ではないし、そもそも結果の平等と対比して捉えるのはミスリードだと主張する（第3章でみるように、機会の平等は「支配の不在」とあわせて考察されなければならない）。

知っていると思っていたはずの物事ほど、考え直してみると実はよくわかっていなかったことが判明する。そうした試みを自覚的に始めたのが、古代ギリシアの哲学者ソクラテスであった。そのひそみに倣《なら》っていえば、本書は「平等とは何か」について政治哲学的に考察しようとするものである。前半であるべき平等の理念を考察したあと、後半ではそれを実現するための「財産所有のデモクラシー」の構想を検討したい。

平等という考えがいくらかでも明瞭なものとなり、読者の方々に何らかの刺激と着想を与え、社会を少しでもよいものに変えてゆくための一助となるとすれば、本書の目的は充分に果たされたことになる。

目次

凡　例

・本書では読みやすさを考慮して、引用文中の漢字は原則として新字体を使用し、歴史的仮名遣いは現代のものに、また一部の漢字を平仮名に改めた。読点やルビも追加した。
・引用中の〔　〕は著者による補足である。
・既存の邦訳を参照し、大いに助けられたが、部分的に訳し直したところもある。

平等とは何か

運、格差、能力主義を問いなおす

こうした平等は、実際には存在しえない机上の空論だという意見もあるだろう。しかし〔権力と富の〕濫用が避けられないからといって、それを規制することが不要になるというのだろうか。事物の力はつねに平等を破壊する傾向があるからこそ、立法の力はつねに平等を維持する方向にすすまなければならないのである。

ジャン＝ジャック・ルソー

『社会契約論』

第1章　不平等の何がわるいのか?

本書の特徴

本書は平等とは何かをひもとく政治哲学の試みである。以下ではまず、特徴やねらいについて三点ほど説明しておきたい。

第一に、本書は現実の社会で問題となるような平等に焦点を合わせる。哲学的な考察のなかには、「平等そのもの」という抽象的な考えの分析を主眼とするものもある。だが以下では、そのような研究の成果を参考にしつつも、実用的・実践的な考察に主眼をおく。

こうして検討をすすめるにあたっては、不平等から考えるほうがわかりやすい。一般に私たちは、平等よりも不平等について気づきやすい側面をもっているからだ。歴史的にみても、まずは等しく取り扱われていないことへの新たな感覚や不満が生じ、しかるのちに平等の基準が刷新されることは珍しくない。

第二に、本書は実証研究というよりも規範研究のアプローチを採用する。実証研究とは、信頼できる方法やエビデンスを用いて「物事がなぜそうなっているのか」を検討するものだ。たとえば、話題をよんだトマ・ピケティの『21世紀の資本』は実証研究の代表例といえる。彼は莫大なデータの分析をつうじて、不平等化の進行を明らかにした。本書はもちろんこうした研究の恩恵を受けている。

ただし主眼は規範研究にある。こちらは「物事がいかにあるべきか」を考察するものだ。その役割のひとつは、正義・自由・民主といった(政党名に冠されるような)重要な用語の交通整理にある。なぜならこれらは、都合よく使用されるため不明瞭になりがちだからである。権威主義的リーダーは「自分こそ真の民主主義者だ」とうそぶくものだが、ずさんな言葉づかいをゆるせば、必ずや高いツケを払わせられる。「平等」という多様なニュアンスをあわせもつ言葉にも同様のことがいえる。

第三に、本書はめざすべきヴィジョンとして「財産所有のデモクラシー」(property-owning democracy)を提示する。これは政治哲学者ジョン・ロールズらが支持する社会のあり方であり、要点は「各人が生産資源と人的資本をもてるようにすることで、富や権力を握った少数者による支配を防ぐ」というところにある。つまりそれは、市場メカニズムを受け入れたうえで、平等をめざす社会である。

近年ではリベラル・デモクラシー（自由民主主義）への風当たりが強まっている。自由が重要な価値であるのはまちがいないが、デモクラシーが安定して存続可能であるためにはそれ以外の価値もまた必要とされる。財産所有のデモクラシーはそうした多元的な価値を肯定する構想である。

平等の哲学的考察、不平等の実証研究、財産所有のデモクラシーの紹介については、すでにすぐれた研究がある。ただしこれらを踏まえつつ、平等や不平等について一般の読者向けにわかりやすく伝えるような著作はなかった。本書はそうした欠落を埋めようと書かれたものでもある。

前口上――なぜ平等・不平等を考えるのか

読者のなかには「そもそもなぜ、平等・不平等について考えるのか」「どうして政治哲学なのか」と思われる方もいるかもしれない。最初にこれらについて補足しておきたい。

平等・不平等について考える理由は、もちろんそれが重要なものだからである。「はじめに」で述べたように、格差社会が問題となって久しいし、個人的にも昔から気にかかっていたテーマでもある。ただしこうした理由に加えて、平等・不平等という言葉がしばしば混乱を招く――あるいは悪用される――傾向があることを指摘しておきたい。

たとえば問題のない平等が「悪平等」とよばれたり、問題含みの不平等が「実力主義」の結果とされたりする。これは言葉が記号としての側面をもち、現実からある程度自由に使用可能だからだ。極端な例でいうと「丸い正三角形」は実際には存在しないが、言葉としてはこのように表現できてしまう。言葉とモノはズレをはらみ、ときにそれは悪用される。政治においてこうしたレトリックはありふれている。

2500年近くもの昔、ソクラテス（の口を借りたプラトン）はこう鋭く指摘している。

こうして〈慎み〉を「お人好しの愚かしさ」と名づけ、権利を奪って追放者として外へ突き出してしまうのをはじめ、〈節制〉の徳を「勇気のなさ」と呼んで、辱めを与えて追放し、〈程のよさ〉と締まりのある金の使い方を、「野暮」だとか「自由人らしからぬ賤しさ」だとか理屈をつけて、多数の無益な欲望と力を合わせてこれを国境の外へ追い払ってしまうのではないかね。……〈傲慢〉を「育ちのよさ」と呼び、〈無統制〉を「自由」と呼び、〈浪費〉を「度量の大きさ」と呼び、〈無恥〉を「勇敢」と呼んで、それぞれを美名のもとにほめ讃えながら――。[1]

こうした言い換えは隣接対照的再記述（paradiastolic redescription）とよばれる。[2] つまり「無統制」と「自由」のような、隣にも反対にもなるような言葉の布置を、自分の好むように操作することである。これにはポジティブな作用――気づかれていなかった側面を可視化する――もあるが、多くの場合、プラトンが批判するようにネガティブに用いられる。「まやかしの言論」ともよばれる。

ある思想家がホンモノかニセモノかの基準のひとつは「まやかしの言論」への感度にある。この問題に意識的でない者は、イデオローグやインフルエンサーではあるかもしれないが、けっして政治哲学をきちんと学んだ者ではない。「よい差別もある」「貧乏になる自由もある」といった粗雑な言葉づかいをまともに受け取るべきではない。

言葉や観念に注意深くあることは、まともな社会を維持するための、十分条件ではないが必要条件ではある。というわけで、しばしば実用的でないと批判される政治哲学だが、実のところこれほど社会に役立つものもないのだ――本書をつうじて、このテーゼが「まやかしの言論」でない、ポジティブな再記述だということを論証できれば幸いである。

と、いささか見得を切ったが、これは私独自の思いつきではない。20世紀を代表する政治哲学者・思想史家のアイザイア・バーリンは次のように述べている。「すべて事をなすのは観念なのです。……私の考えでは、観念こそが、すなわち、自身の呪文《スペル》にいいなりとなった大量のフォロワーを呪縛せしめたような人物の頭脳に宿った観念……こそが事をなしたのです。結局のところ責を負うのはこれらの観念であり、そうした個人なのです」[3]。

バーリンはまた、思想史への取り組みが私たちの知見を広げてくれるとも述べている。本書でも過去の思想家の考えや著作を参照したい。これはたんなる箔《はく》づけではなく、彼らがヴィヴィッドに問題を捉えているためである。私たちが直面している問題は思想家がみたそれと完全に同じではない。だがそのズレも含めて――過去のテクストは現在について何かを語り、未来への展望を示してくれている。

図1-1　アイザイア・バーリン（1909〜97）

――みずからの立ち位置を知るためには少し離れたところからの眺めが必要である――

本書は「平等主義的リベラリズム」という考えを支持しているが、以下での議論は、そうではない立場にシンパシーを覚える読者にも何らかの参考になることをねがっている[4]。もちろん私としてはこの立場の魅力を納得のいくよう説明したいが、平等と不平等について「まやかしの言論」を極力用いることなしに議論をすすめていきたい。いたらないかもしれないが、それでもこのテーマについての解像度を高め、問うことの難しさと楽しさを共有することができるはずだ。

それでは本題に入ろう。この第1章では「不平等の何がわるいのか?」を問うことから始めたい。不平等の原因はさまざまだが、それらは組み合わさって深刻な事態をもたらす。いまの社会では、窮民問題（少なからぬ人びとが貧困に苦しむ）、寡頭制問題（政治が少数者によって牛耳られる）、健康格差問題（不平等な社会では健康寿命が短い）といった問題がすでに生じている。

不平等から考える――不平等に反対する四つの理由

一般に平等はよいもの、不平等はわるいものと考えられている。しかし「平等とは何か」「不平等の何がわるいのか」といった問いは、必ずしも突き詰めて考察されていない。それゆえ「まやかしの言論」の格好の対象になる。悪意をもって使われない場合でも、人によって異なった仕方で用いられることもままある。

次のような例を考えてみよう。社会Aは、格差が小さく生活水準も高いが、特定の宗教やライフスタイルが義務づけられている。社会Bは、格差が大きく生活水準にもばらつきがあるが、信教の自由や幸福追求権が認められている。社会Cは、豊富な天然資源のため生活水準はきわめて高いが、一部の王族が権力を独占している。三つの社会が直面している不平等の問題はそれぞれ異なっている。

最初に、不平等の何が問題なのかについて概観しておこう。ロールズや彼の影響を受けた道徳哲学者トマス・スキャンロンが提示する、不平等に反対するさまざまな理由を参考にして、以下の四点を整理しておきたい。[5]

①剝奪：恵まれない人びとに貧窮ゆえの苦しみを生み出す
②スティグマ化：社会的地位の不平等が特定の人びとを劣った者とみなさざるをえないような関係を市民のあいだにつくりだす
③不公平なゲーム：政治的・経済的な手続き上の公正さ（＝平等な者としての扱いを可能にする前提）を歪《ゆが》める
④支配：社会的・経済的格差が政治的影響力に反映されるなど、一部の者が社会を牛耳るようになる

たがいに重なるところもあるが、これらを分析上で区別しておくことは有益である。それぞれを反転して得られる平等を支持する四つの理由、①生活保障・②優先的配慮・③影響の中立化・④非支配については、第2章で検討する。

①剝奪――貧窮ゆえの苦しみ

第一の理由は剝奪（deprivation）である。これは直観的にもわかりやすい。不平等や格差が多大な社会では、恵まれない人びとの生活は非常に苦しいものとなる。いわゆる貧困の問題である。最貧国では多数の人びとの生存そのものが危機に脅かされているし、先進国でも少なからぬ人びとが相対的貧困の苦しい生活を強いられている。

剝奪という理由は、もっともわかりやすいゆえに、ある程度ゆたかになった社会で手つかずにされることはない。現代社会は生活保護制度をはじめとする福祉制度を備えており、少なくとも公式上は貧困への配慮はなされている。だが同時に、そうした社会は必ずしも平等である必要はない。というのも、社会の富にそれなりの余裕があれば、格差自体を前提にしたうえで、恵まれない人びとの生活水準を確保することは可能だからである。

つまり貧困の除去は不平等と両立する。これはアダム・スミスが『国富論』（１７７６年）で述べた見解とも矛盾しない。[6] 彼によれば、分業がうまくいっている文明国では、最下層の人びとですらさまざまな恩恵を受けることができる。文明国には身分制に伴う格差が残っているとしても、度合いは未開国のそれとは比べものにならない。

社会の格差そのものは広がるとしても、結果的に貧しい人びとの暮らしが改善するとすれば問題ない。この考えは「トリクルダウン理論」として知られている。富裕層のさらなる富が低所得層へと徐々に滴り落ちる《トリクルダウン》ならば、絶対的な生活レベルでは誰も損をしていないため、その限りで不平等は正当化される、という主張である。トリクルダウン効果に対しては、実際にそうなるかは疑わしいとの批判もあるが、理論上の立場としてはたしかに想定可能である。

だとすれば、剝奪はもちろん不平等に反対する理由にはなるが、中心にあるとまではいえない。あるいは、剝奪への対処は平等の必要条件ではあっても十分条件ではない。理想的なトリクルダウン理論のようなものに反対しようとすれば、何か別の理由が必要となる。補足しておけば、一般にトリクルダウン理論の支持者は不平等をさして問題視しないが、スミス自身はもっと奥深い考えをもっていた。たとえば彼は、みすぼらしい服しかもっておらず、それゆえ恥を感じずに外出することができない人がいるのは問題だと考えていた。そこで次に、このような人間心理にもかかわる論点を確認しておこう。

②スティグマ化——傲りと卑屈、そして差別

第二の理由はスティグマ化(stigmatization)である。スティグマとは、その昔、奴隷や犯罪者を識別可能にするために穿《うが》たれた烙印のことである。身体の特定部分に刺青などを入れ

られた人びとは、差別的な取り扱いを受けていた。転じていまでは、差別や偏見の対象となる社会的属性や負のイメージのことを指す。

一般的にいって、社会的少数派の人びとがもつ特徴や属性のうちで、当人による改変がしづらく、多数派の気分を害したり社会のセルフイメージを乱すものがスティグマとされやすい。病気・信仰・性的指向・行動様式といったものである。スティグマのレッテルを貼られた者は、実際にはそうではないにもかかわらず、劣った存在・社会に害をもたらす存在として差別される。これが不正であることはいうまでもない。

不平等はスティグマ化を悪化させるが、その根本には、少数派の卑屈・多数派の傲《おご》りという情念がある。さしあたり三つほどの説明が可能である。

第一に、貧困自体から生じるものがある。貧しい環境で育った者はアウトサイダーになりやすく、無知に付け込まれたり社会的抑圧への反抗から、規範を逸脱する行動様式をしばしば身につける。深刻なケースとしては、ハンディキャップを抱えながらも適切な福祉サービスを受けることができず、否応なく犯罪を繰り返してしまう人びと（累犯障害者）の問題もある。

第二に、貧困対策から生じるものがある。貧窮者への対策として生活保護制度があることはよく知られている。しかし運用は必ずしもうまくいっていない。受給には資力調査《ミーンズテスト》が必要だが、審査基準が厳しいこともあり、受給者は社会的な無能力者とのレッテルを貼られやすい。このことを怖れるあまり、実際には基準を満たしているにもかかわらず、劣悪な環境で働きつづける人も少なくない。

第三に、格差から生じるものがある。不平等が大きい社会では、富者はみずからを過大評価し、貧者を過小評価しがちである。格差はさらにさまざまな隔離につながり、両者はたがいに交わることなく、ステレオタイプの嘲《あざけ》りや不信、恐れや怒りを増幅させる。そして抑圧が臨界点に達したとき、しばしば暴動や凶行が発生する。

次の文章は、半世紀以上も前に起こった、そうした事件に想を得て書かれたものだが、いまなおリアリティをもって響く。

> 貧困とはたんに生活の物質的な水準の問題ではない。それはそれぞれの具体的な社会の中で、人びとの誇りを挫《くじ》き未来を解体し、「考える精神」を奪い、生活のスタイルのすみずみを「貧乏くさく」刻印し、人と人との関係を解体し去り、感情を涸渇《こかつ》せしめて、人の存在そのものを一つの欠如として指定する、そのようなある情況の総体性である。[7]

物質面の平等はもちろん重要だが、人はパンのみにて生きるわけではない。社会的スティグマがないことはそれとならんで、ある意味ではそれ以上に、人間らしい生活に欠かせないものである。

③不公平なゲーム——人生の難易度の変化

第三の理由は不公平なゲーム（unfair game）である。これは「機会の平等」にかかわるものだ。剝奪やスティグマの問題がひとまず解消されたとしても、平等がただちに実現するわけではない。生まれ育った環境次第で、いわば人生というゲームの難易度は大きく変動するからである。

受験を例にして考えるとわかりやすい。昔は一部の恵まれた者しか大学生になるチャンスがなかった。貧しい人たち、特定の人種やジェンダーの人びとには門戸が閉ざされていた。いまではもちろん事態は改善されている。所定の手続きを踏めば誰でも入学資格をえられるし、ある程度までは公平性への配慮もなされている（第3章）。逆境のうちに生まれようとも、東大やハーバードに合格することもできる。

そのような人は実際にいるし賞賛に値する。だが実際のところ、名門大学の学生の多くはさまざまな面で恵まれている。両親は高学歴・高収入で教育熱心であり、幼少の頃から進学校や塾で受験対策にいそしんでいる。そうでない子どもたちが同じ土俵で勝負しても結果は目にみえている。つまり、形式的な機会の平等だけでは充分といえない。

そもそも親が意識的でない場合、子どもが自発的に大学進学を志すケースは少ないように思われる。私が保育所・小学校・中学校をともにすごした同級生は30人いたが、田舎だったこともあり、そのうち大学に進学したのは5人しかいない。子どもは不思議と世間知に長《た》けているもので、中学生くらいになると、おたがいの進路について暗黙の了解のようなものができあがっていた。

この予感は大体において当たっていたように思う。高校生になると私も塾に通い、運よく志望校に合格した。もちろん人並みに努力もしたはずだが、巡り合わせで最初からそう決まっていたような感覚がいまなおぬぐいがたくある。当時、不平等はいまほど広がっていなかったが、すでに「みえない格差」のようなものは存在した。

話を戻すと、人生で重要なイベントは受験にとどまらない。さまざまな時にさまざまな選択を迫られる。そして恵まれた人はよい結果、恵まれない人はわるい結果を引きやすいかもしれない。だとすればこれは、出目《でめ》の異なるサイコロを振っているようなものだ。

あるいはそもそも、両者は同じ社会にいながら難易度の異なるコースを歩んでいる。たとえば突発的な100万円の借金は、安定した職や頼りになる人をもつ者にとってはそれほどのダメージではないが、そうでない者にとっては人生に破滅をもたらす原因になりうる。

一見したところ問題ないが、実のところバランスを欠いた不公正なゲーム。社会や人生がそのようなものになっているとしたら、やはり平等が実現されているとはいいがたい。そうした社会は、一人ひとりを本当に平等な者として扱ってはいないからである。

④支配――非対称的な関係の固定化

第四の理由は支配（domination）である。これは権力が一部の特権層に集中し、そのほかの人びとに恒常的な影響力をおよぼすようになった状態である。リベラリズム（自由主義）の目的のひとつは、権力の分立や制限によって、支配ならびに付随する悪影響を防ぐことにある。

とはいえ、いまなお支配のしるしは至るところにみられる。たとえば、政治家はみな等しい条件の選挙を受けて選ばれるはずだが、世襲政治家の割合は明らかに多い。裏口入学は禁止されているが、難関大学の学生は恵まれた家庭の出身者が大半である。エリートが相互につながりをもつことも少なくない。とりわけ、社会的・経済的な格差が政治的影響力に変換される場合、支配関係はあらわれやすい。

明らかなエリートの例でなくても、今日では学歴や所得の水準が似通った同士での「同類婚」の傾向が強まっている。年収300万と600万の人がそれぞれ同レベルの所得の配偶者をもった場合、世帯年収は600万と1200万となる。年収300万以下になると結婚や子どもをもつのを諦めるケースも多い。このようにして社会階層が再生産――あるいは非生産――される。

支配について二点を補足しておきたい。第一に、何らかの上下関係や権力関係が存在するからといって、必ず支配関係があることにはならない。一定の条件下で権限や待遇に違いを設けることは広く認められている。たとえば職業や職務による違いのようなものだ。しかし、同一人物やグループが恵まれた地位を占めつづけるような場合、とくにそれが適格な理由や手続きを欠くようなとき、そこには支配が存在する。

第二に、支配は必ずしも苛烈なかたちをとるとは限らない。支配者が独裁者となるケースもあるが、支配者は慈悲深い主人でもありうる。配下に一見やさしく接し、財やサービスをふんだんに提供してくれるかもしれない。だがそれは、配下が主人に反抗しない限りにおいてである。支配者は配下の自律や独立を嫌う。エンパワメントするのではなくクライアントにするのである。

支配関係――非対称的な関係の固定化――がある社会は平等なものとはいえない。一定の生活水準が保障されている場合でさえ、支配者と被支配者との隔たりは著しい。さらにいえば、慈悲深い主人であっても、余裕がなくなれば暴君と化すかもしれない。

みえやすい不平等・みえにくい不平等

不平等に反対する四つの理由をあらためてまとめておこう。

①剝奪：恵まれない人びとに貧窮ゆえの苦しみを生み出す
②スティグマ化：社会的地位の不平等が特定の人びとを劣った者とみなさざるをえないような関係を市民のあいだにつくりだす
③不公平なゲーム：政治的・経済的な手続き上の公正さ（＝平等な者としての扱いを可能にする前提）を歪める
④支配：社会的・経済的格差が政治的影響力に反映されるなど、一部の者が社会を牛耳るようになる

大まかにいえば、これらは①～④の順でわかりやすい。あるいは目にみえやすい。それゆえ、不平等の問題として対処されやすい。貧困（①）や差別（②）は放置されるべきではないという判断については、コンセンサスが成立しているといってよいだろう。もちろん実際には、そうした問題に苦しむ人がまだ存在するとしてもである。だが少なくとも、貧困や差

別を公然と肯定する政治家は、正当にも問題人物とみなされるはずだ。

不公正さ（③）や支配（④）については判断が割れてくる。貧困や差別がある社会で人生を送るのは困難だから何とかせねばならない、けれども根深い不平等が解消されたならあとは本人の努力・能力・やる気次第だ。こうした考えには一定の（多くの？）支持者がいる。逆境から立身出世した人もいるではないか。格差があってもそれなりの生活を送れるならよいのではないか。こうした主張はそれほど問題視されることはない。
①②を「みえやすい不平等」と、③④を「みえにくい不平等」とよぶとしよう。そうすると以下の立場を区別できる。本書の立場は「強い平等主義」である。

反平等主義《アンチ》：「みえやすい不平等」も「みえにくい不平等」も対処する必要はない
弱い平等主義：「みえやすい不平等」は対処する必要があるが「みえにくい不平等」はそうではない
強い平等主義：「みえやすい不平等」も「みえにくい不平等」も対処する必要がある

まず「反平等主義」だが、本書ではこの立場を直接の考察対象とはしない。というより、貧困や差別は問題ないと断言されれば、率直にいって返す言葉がない。剝奪やスティグマ化は不正なものであり大きな苦しみを与えるからだ。身近でひどい不平等を見聞きした人なら実感できるはずだし、良質のフィクションやドキュメンタリーをつうじてもそのことはよくわかる。

「なぜ人を殺してはいけないのか？」という問いのように、哲学は常識の地平自体を問いただすこともできる。しかし、哲学的反省のレベルをそこまであげるとすれば、平等と不平等についても別の本を書く必要があるし、資質や関心からして私はその資格を欠いている。本書は私たちがもつ常識や直観の分節化を試みるが、そこから離脱したりそれらを破壊したりはしない。それゆえ「反平等主義」は本書の守備範囲外となる。

つづいては「弱い平等主義」である。おそらくいまの社会でもっとも受け入れられている見解ではないだろうか。つまり本書の主要な説得対象でもある。そのなかには、③④がみえていない人もいれば、問題として把握しているものの、ほかの重要な価値（たとえば自由や経済成長）が犠牲になるため、是正は受け入れられないとする人もいるだろう。

最後は「強い平等主義」であり、以下の議論が定位するものだ。本書を手にした方にはこの立場の人も多いと思われる。もっとも、なぜ「弱い平等主義」よりも説得力があるのかについて、たんに直観に訴えることなく説明することはなかなか難しい。

本書は全体をつうじて、「強い平等主義」の立場から「弱い平等主義」を批判・説得する

図1-2　ヘーゲル（1770〜1831）

ことを試みる。以下では「みえやすい不平等」と「みえにくい不平等」を明確に分離することは可能かという問いを念頭におきつつ、三つの具体的な問題をとりあげたい。

窮民問題――貧困にあえぐ社会

まず最初に、「窮民《きゅうみん》問題」を取り扱いたい。貧困を一応は解決したはずの社会に、ふたたび貧しさが――道徳の荒廃を伴って――回帰してくるという問題である。近代ドイツを代表する哲学者ヘーゲルは『法の哲学』（１８２１年）でこの事態を鋭く見抜いている。

ヘーゲルは好奇心が旺盛で、同時代の社会問題に関心をもっていた。『法の哲学』とそれにもとづく講義録からもそのことはうかがえる。彼は修業時代から経済学を勉強し、当時あらわれつつあった市場システムの特性を独自の仕方で把握した。「欲求の体系」としての市民社会（bürgerliche Gesellschaft; civil society）の分析は、『法の哲学』でも名高いセクションである。

市民社会は一方で市場システムをつうじて社会の富を増加させる。またそれは、人びとをさまざまな事業に参加可能にすることで、才能や資質の開花を導くアリーナでもある。だが他方で、勝者と敗者、もてる者ともたざる者がうみだされる。ときにそれは過酷なものとなる。

もちろん市民社会は、そうした問題に対処するための手立てを講じ、実際に対策する必要がある。すでに当時、たんなる救貧院のみならず、社会福祉の先駆けのような営みが行われていた。ヘーゲルはそうした各種の取り組みに一定の評価を与えている。

だがそれは、とても一筋縄ではいかない。貧困に限定しても次のような問題がある。まず、貧者を救うことは重要だが、一方的に施すだけでは誇りが失われてしまう。次に、公共事業などで雇用を創出すれば、そのしわよせが国内のどこかにいく。最後に、植民地経営や不公平な貿易に活路を求めれば、当然ながら他国が収奪の対象となる。

こうしたさまざまな問題にもかかわらず、最低限の生活保障があるなら事態はまだ最悪ではない。しかしそうした条件が崩れるとき――剝奪の問題が前景化するとき――窮民（Pöbel, rabble）があらわれる（「賤民」「浮浪者」とも訳される）。この「窮民」こそ、ヘーゲルの市民社会論における最大の問題だった。

窮民はたんなる貧民とは区別される。貧しい人びとは過去にいくらでもいたが、この時代になると市民社会で自己実現をめざすチャンスが一度は開かれた。窮民は、にもかかわらず、そうした可能性をふたたび閉ざされ、嘲りと貧しさのなかに生きている。この理想と現実のギャップが問題を一層深刻なものにする。

貧困に落ち込むことで、自分の労働によって生きているのだ、という誠実さと誇りが失われると、そこに窮民が登場してきます。窮民は、貧民とは別で、普通は貧乏でもあるが、なかには金持ちの窮民もいます。

貧困そのものが窮民を作るわけではなく、貧困と結びつく心理によって、はじめて窮民はすがたをあらわします。この心理とその害は以下の点にある。すべての個人は生計の道を見つける権利をもっているが、それを見つけられないと貧乏になる。が、かれは、生計の道を見つける権利が自分にあると知っているから、貧困は不法であり、権利への侮辱であると考えて、不満をつのらせ、その不満が正義の形をとります。[8]

昔なら貧しさは自然がもたらす不運とみなされたかもしれないが、いまや貧困は社会に起因する不正義だと考えられるようになる。この認識自体はまちがっていない。だが窮民は、貧しいのみならず毀損《きそん》された心情をもつゆえに、そうした鬱屈が満たされない場合、しばしば独善的な行動におよぶ。それは社会に荒廃をもたらす。

この問題が示しているのは、貧困のような「みえやすい不平等」が本当に解決するためには、より根深い「みえにくい不平等」への対処が必要ということである。経済成長や好景気がつづくとき、貧困の問題は解決したとみなされがちだ。だがそうした好条件は永続的なものではない。不公正や支配が放置されている場合、反動はおそろしいものになるだろう。窮民問題は、狭義には①だが、より精確にいえば②から④までが複合的に作用した、きわめて深刻な事態といえる（なおヘーゲルも注意を促しているように、金持ちの窮民も存在する）。これは遠い時代や社会の話ではない。現代でも似たような問題は繰り返されている。

寡頭制問題――少数が牛耳る社会

つづいて、「寡頭制問題」を考察したい。少数の富裕者が権力を握るという問題である。すでにこの問題も、古代ギリシアの哲学者たち、とくにプラトンとアリストテレスの師弟が鋭い検討を加えている。

アリストテレスは『政治学』において、よく知られた政体の類型論を考案した。[9] それによれば、①誰が支配するか（一人／少数／多数）②統治の性質はどうか（公共の利益にかなっている／かなっていない）という二つの基準によって、六つの体制《レジーム》が区別される。

寡頭制《オリガーキー》とは「少数の人が・公共の利益にかなっていない」政治を行う体制を指す。より具体的には、少数の富裕者による金持ち優遇政治のことである。またアリストテレスは、経済活動を二つに区別した。生計を立てるためになされる適切なものはオイコノミア、もっぱら金儲けのためになされる不適切なものはクレマティスティケとよばれる。前者には限度があるが、後者は際限なき拡張の運動とされる。

アリストテレスの体制論は、たんに社会制度のあり方だけではなく、人びとの道徳や性格とのつながりをも意識したものである。このことを、古代政治哲学の卓越した研究者でもあったレオ・シュトラウスは次のようにまとめている。

体制《レジーム》は、社会にその性格を与える、秩序、形態である。体制は、それゆえに、生活の特別な遣り方（manner）である。体制は、共生としての生活の形態であり、社会のそして社会の中で生きる遣り方である。なぜなら、この遣り方は、ある特定のタイプの人間存在が優勢であることに、すなわち、ある特定のタイプの人間存在によって社会が明白に支配されていることに決定的に依存するからである。……体制は、社会の生活の形態、その生活のスタイル、その道徳的嗜好、社会形態、国家形態、政府の形態、法律の精神を同時に意味する。[10]

つまり寡頭制的な人間とは、富をもっているのみならず、際限なく拡張する欲求（プレオネクシア）に絶えず支配されているような人間である。また彼は、富によって依存関係をつくりあげ、みずからに都合がよいように政治プロセスを歪める人間でもある。こうした体制や人間が不健全であるのはいうまでもない。

アリストテレスの師にあたるプラトンも、『国家《ポリテイア》』で独自の寡頭制論を展開している。原題の「ポリテイア」は、シュトラウスがいう意味での「体制」に対応する（「政体」「国制」とも訳される）。つまりこの政治哲学史上の最高傑作も、社会のあり方と人びとの性格のつながり、政治の正しさと個人の正しさの関係性をまさしく主題とするものだ。

図1-3　**レオ・シュトラウス**
（1899〜1973）

アリストテレスの体制論がスタティックな類型論であったのに対して、プラトンのそれはダイナミックな移行論である。彼によれば、さまざまな体制は次のように推移する。

優秀者支配制→名誉支配制→寡頭制→民主制→
僭主《せんしゅ》独裁制

簡単にいえば、もっともすぐれた体制が次第にもっとも劣った体制へと劣化する。ここでは「寡頭制」と「僭主独裁制」にフォーカスしておきたい。まず寡頭制だが、それは、先代のすぐれた人びとがもっていた理知や気概が失われ、ただ金銭への欲望に長けた人間＝寡頭制的《オリガルキコス》な人間が権勢を誇るような社会である。

「とにかく何かさもしくて」とぼくはつづけた、「どんなことからでも利益をあげては倉を立てるような人間なのだ。こういう人びとをしも、大衆は褒め讃えるものだがね。——こういうのが、あの寡頭制国家に似ている人間ではないだろうか?」。……「思うに、それというのも」とぼくは言った、「そのような人間は教育に心を向けなかったからなのだ[11]」。

老舗企業の三代目経営者ではないが、このタイプの人物は経済的には富んでいても人間的には貧しく、ゆえにますます富の追求を自己目的化する。その結果、富者と貧者の格差はさらに広がり、それは不満を惹起《じゃっき》し、数で圧倒的にまさる貧しい人びとが少数の金持ちを打ち倒すことにゆきつく。これが民主制、すなわち多数の貧者による政治である(プラトンとアリストテレスにとって、民主制は望ましくない体制であった)。

話はここで終わらない。民主制においては、わるい意味で「何でもあり」という風潮が社会を蚕食《さんしょく》し——前口上で引いた「まやかしの言論」の場面はこの文脈で出てくる——人びとはやがて誰か一人を先頭に押し戴くことになる。これが僭主独裁制国家にほかならない。僭主《タイラント》とは暴君のことだが、最初から苛烈な政治をするわけではない。むしろ民衆の要求をかなえてやったりする。しかし他方で、僭主は自分の敵となる人物（つまり正義にかなった人間）を孤立させ、社会を分断化し、次第に好き勝手にふるまうようになる。

「ゼウスに誓って」と彼は言った、「そのときこそ民衆は、やっと思い知らされることでしょう、——自分がどのような身でありながら、どのような生きものを産み出し、かわいがって大きくしたかということを。そして追い出そうとしても、いまや相手の力のほうが自分よりも強いということを[12]」。

これはまさしく、今日少なからぬ社会でみられるポピュリズム政治を連想させる。不平等の放置は政治にも多大なダメージを与える。「みえにくい不平等」を見過ごしていると、やがてそれは僭主制という「みえやすい不平等」にゆきつく。僭主の出現を阻止するためには、寡頭制問題に対処することが必要となる。

健康格差問題——寿命が短い社会

最後に「健康格差問題」を検討したい。不平等が大きい社会では健康格差も大きくなるという問題である。当たり前だと思われるかもしれないが、実のところ、社会的な要因はさまざまな仕方で人びとの健康に複雑な影響を与えている。

社会のあり方と健康のつながりの研究は「社会疫学」とよばれる。その知見によるなら、「不平等が大きい社会では健康格差も大きくなる」というのは、たんに「貧困層が富裕層と比較して健康状態がわるい」ことにとどまらない。「富裕層も含めた社会全体の健康状態がわるい」ことが実情なのである[13]。

例としてはアメリカがわかりやすい。アメリカは、世界でもっとも繁栄しているとともに、世界有数の格差社会でもある。米疾病対策センター（CDC）の調査によると、2021年の平均寿命は76・1歳だが、これはそれほど高い数値ではない。コロナ禍が本格化する前の19年は79歳だったので、わずかなうちに3歳分も縮んだことになる。国際統計でみても、調査によって違いはあるが、世界約200カ国のうちで大体40位から60位に位置する。

細かくみていくと、まず性別で、男性73・2歳、女性79・1歳となっている。女性の寿命のほうが長いのは一般的な現象だが、人種別でみるとこうなる。白人76・4歳、黒人70・8

歳、アジア系83・5歳、ヒスパニック77・7歳、先住民65・2歳。黒人と先住民の寿命は有意に短いが、これはアメリカ社会の不平等が関係していると思われる。

ただし繰り返せば、白人の寿命もそれほど長くはない。さらにいえば白人も一枚岩ではない。近年では「絶望死」とよばれる現象に注目が集まっている（第6章）。これはとくに、中年白人男性に多い、自殺、薬物の過剰摂取、アルコール依存症に起因する死を指す。[14] 調査で明らかになったのは、大学の学位をもたない人びとのあいだで、絶望死が有意に増加していることであった。

さらにいえば、恵まれた学歴や職歴をもち、裕福な暮らしを送る人びとも例外ではない。たしかに彼らは、自腹を切って質の高いサービスを受けることもできる。しかし、能力主義が強固なアメリカ社会において、成功者でありつづけるためには、日々の絶え間ない働きが必要とされる。プレッシャーとの闘いのなかで心身に失調をきたす人は少なくない。結果として、あらゆる人がどこかしらを病みやすい社会ができあがる。

日本社会もこうした問題と無縁ではない。厚生労働省の調査によると、2020年の平均寿命は男性81・6歳、女性87・7歳であり、世界でもトップクラスを誇っている。だが細かくみれば、いろいろな問題が浮かんでくる。未婚男性の死亡年齢中央値は明らかに低く、なんと67・2歳である。絶望死につうじるメカニズムがあると推察される。日本でもこの数十年で社会的・経済的な格差が広がっているが、影響があらわれるにはタイムラグがあるので、これから平均寿命の数値やランキングが低下してゆくシナリオも考えられる。

さらにいえば、たんなる寿命ではなく健康寿命が重要だという話をすることもできる。健康とは、消極的には「ケガや病気がない状態」だが、積極的には「健やかな生活《ヘルシー・ライフ》」といえる。大きなケガや病気なしに長生きしたとしても、懲役のように嫌な仕事に長年耐え、何の趣味や生きがいもない生涯だったとすれば、健康な人生だとはいいがたい。逆にいえば、病気やハンディキャップを抱えていても、誠実にコミットできるものがあるなら、あたかもひとつの作品をつくりあげてゆくように、みずからの人生を生きぬく可能性が開かれる。

ロールズが『正義論』でめざした平等な社会は、まさしくこのようなコミットの成立可能性に配慮するものだった。彼はそのことを「自尊（心）」というタームを用いて述べている。

> 第一に……自尊心（self-respect）は自分自身に価値があるという感覚を含んでいる。すなわち、自分の善についての構想、つまりみずからの人生計画は、遂行するに値するというゆるぎない確信を自尊心は含んでいる。そして第二に、自分の能力の範囲内にある限り、みずからの意図が実現できるという自己の才能に対する信頼を、自尊心は含意している。[15]

すなわち自尊とは、①自分にとって重要な生きがいがあり、②それを実際に追求することを実感できる、そのような場合に可能となる、重要な道徳感情である。感情であるため直接分配することはできないが、正義にかなった社会は「自尊の社会的基盤」を保障しなければならない。何らかの価値観や生き方が不当に抑圧されている場合、その社会は人びとの自尊を損なっているのである。自分の価値観が正当に評価されないとしたら人生は辛いものとなるだろう。

現実に目を向けると、残念ながら、自尊《セルフ・リスペクト》の社会的基盤はまだ充分なものではない。人種やジェンダーによる差別は依然として残っている。また、そこまで明白な不平等でないとしても、近年では「セルフ・ネグレクト」とよばれる現象が注目を集めている。払ってしかるべき自身へのケアを怠ってしまうという問題である。生活が疎《おろそ》かになり、体調に異変を覚えても病院に行かない、身の回りの整理ができずゴミ屋敷になってしまう、といったことが起こる。度合いがひどくなれば、絶望死にゆきつくこともあるだろう。

これはたんに当人の性格の問題ではなく、きちんとした生活をしていた人が、わずかなアクシデントをきっかけに陥ることも少なくない。私も生活が苦しかった頃、乱雑な部屋を片づけもせず、帰宅するとすぐ横になって自堕落に過ごす、という不健康な暮らしになりがち

図1-4　トマス・ホッブズ
（1588～1679）

であった。仕事や研究にはやりがいを覚えていたが、もしそれらを失っていたら、そして幸運な巡り合わせがなければ、自分もどうなっていたかはわからない。

絶望死やセルフ・ネグレクトの例が示すように、健康格差問題も一筋縄ではいかない。これもまた「みえにくい不平等」にかかわるものだといえる。たとえ絶対的な貧困がない社会においても、ホッブズが『リヴァイアサン』で描いた自然状態での生――孤独で、貧しく、不快で、残忍で、しかも短い――を思わせるようにして、少なからぬ人びとが生涯を閉じているのである[16]。

最後に、不平等が引き起こす三つの問題、窮民問題・寡頭制問題・健康格差問題に共通する点を指摘しておきたい。これらはそれぞれ、経済的・政治的・評価的な側面に注目したものだが、たんに不平等だけではなく、人びとのメンタリティに悪影響をおよぼすゆえに、一段と厄介なものとなっている。さまざまな不平等は組み合わさることで一層の悪影響をもたらす。

以下の各章では、このことを念頭において議論をすすめてゆく。第4章では経済的な平等、

第5章では政治的な平等、第6章では評価的な平等について論じる。その際には「財産所有のデモクラシー」をベースとするが、これもまたひとつの体制《レジーム》にほかならない。つまりそれは、たんに社会の制度だけではなく人びとがどのような精神を身につけるかを、より精確にいえば、両者が結合した「制度の精神」の陶冶《とうや》をめざすプロジェクトなのである。

第2章　平等とは何であるべきか?

第1章でみた不平等の問題を手がかりにして、本章ではまず、平等を支持する四つの理由を確認する。それぞれの理由の特徴をみたあと、平等が最終的にめざすべき目的は「支配の不在」であり、「局所的な平等化」に警戒すべきだと論じる。そのうえで不平等を、差別・格差・差異の三つに分節化する。最後に、格差と平等・不平等の関係性についての、ひとつの視座を提示する。

平等を支持する四つの理由

最初に、もっともシンプルな平等、つまり一律での横並びについてみておきたい。すべての人が等しい量を受け取っている状態はたしかに平等といえる。ただしこの意味での平等は、平等主義が擁護を試みるものとイコールではない。次のような例を考えてみよう。Aは恵まれた人、Bは恵まれない人で、以下のような収入だとする。

ケースα

A：９００万円

B：４００万円

つづいてAとBのあいだの格差を埋めるため、両者の収入を等しくしてみよう。

ケースβ

A：４００万円

B：４００万円

横並びの平等からすれば、αよりもβのほうが望ましいことになる。だがこれは、多くの人にとって納得のいかないものだろう。たしかにβはある意味でとても平等なのだが、AをBと同程度に引き下げることで成り立っており、全体の取り分はかなり減少しているからである。これは「水準低下の批判《レベリングダウン・オブジェクション》」とよばれ、横並びの意味での平等への異論として提起されるものだ。ほとんどの論者はこの批判の効力を認めている。

だが人によっては、たとえ全体の利得が大きく減るとしても格差のなさこそが重要であり、

βのほうを望ましいと考えるかもしれない。ここで第三の例を考えてみよう。

ケースγ
Ａ：７００万円
Ｂ：５００万円

β＞αと考える人（＝格差がなくなることを重視）のなかには、γ＞βとする人もいるだろう。なぜなら、γではＡとＢの格差はゼロではないがαよりは減っており、さらに絶対量でみればＢの暮らし向きはβよりも改善されているからである。またα＞βと考える人（＝全体の取り分の大きさを重視）のなかにも、γ＞αとする人もいるだろう。なぜなら、γでは総利得がαよりも減っているもののその程度はβに比べれば軽微で、さらに全体のパイが減少してもそれが格差是正につながっているからである。

こうしたシンプルなケースでさえ、格差の少なさ・全体の取り分の大きさ・恵まれない立場の改善を、どのようなバランスで組み合わせるかによって判断は異なってくる。本書が支持する平等主義は、大まかにいえば、αやβよりもγが望ましいと考える。問題は、なぜそういえるのか、いかなる理由があるのかということだ。

第1章でみた不平等に反対する四つの理由は次のようなものだった。

①剝奪：恵まれない人びとに貧窮ゆえの苦しみを生み出す
②スティグマ化：社会的地位の不平等が特定の人びとを劣った者とみなさざるをえないような関係を市民のあいだにつくりだす
③不公平なゲーム：政治的・経済的な手続き上の公正さ（＝平等な者としての扱いを可能にする前提）を歪める
④支配：社会的・経済的格差が政治的影響力に反映されるなど、一部の者が社会を牛耳るようになる

以上を反転すると、平等を支持する四つの理由がえられる。

①生活保障：恵まれない人びとに一定水準の生活を保障する
②優先的配慮：差別されている人びとの苦境を優先して改善する
③影響の中立化：選抜試験やキャリアパスでの不利益や悪影響をなくす
④非支配：少数の人びとが社会的・経済的・政治的権力を掌握することを防ぐ

さらにこれらは、現代の政治理論・道徳理論でいわれる以下の平等主義の立場に大まかに対応する。

①充分主義：一定以上の閾値《いきち》を満たすことが平等である
②優先主義：不遇な人びとの状況を優先して改善することが平等である
③運の平等主義：不運の影響を取り除くことが平等である
④関係の平等主義：対等な存在としての人びとからなる社会をつくることが平等である

以下では、四つの理由ないし立場を一つひとつ検討していきたい。結論を簡単にいえば、四つの平等主義はそれぞれ説得力をもつが、④関係の平等主義がベースとなるべきだ、というものになる。いいかえれば、平等が最終的にめざすべきものは「支配の不在」である。

①生存・生活の保障——充分主義

平等を支持する第一の理由は、生存・生活の保障（security）である。剥奪や貧窮がわるいものなのはいうまでもない。それらは苦しみを与え、人生の可能性を大きく損なう。憲法においても、健康で文化的な最低限度の生活を営む権利、すなわち生存権として一定水準の生活は保障されている。

こうした平等の考えは充分主義（sufficientarianism）とよばれる。哲学者のハリー・フランクファートがこの立場をとっている。ただし彼が強調するように、充分主義による平等の正当化は、ある意味で限定されたものである。

経済的平等は、それ自体としては何ら道徳的な重要性を持っていない。そして同じ議論から、経済的格差はそれ自体としては道徳的に反発すべきものではない。道徳性の観点からすると、万人が同じだけ保有するというのは重要ではない。道徳的に重要なのは、万人が充分に保有することだ。……私はこの平等主義への代替案を「充足性ドクトリン」と呼ぼう——つまり、お金について道徳的に重要なのは、万人が充分にそれを持つことだというドクトリンだ。[1]

すなわち充分主義は、すべての人が一定以上をもつことを要請するが、ひとたび閾値が満たされたとしたら、平等・不平等の問題は発生しないと考える。これは次のように定式化できる。

・積極的テーゼ：重要なのは、万人が同じだけ保有するのではなく、万人が充分に保有することである
・消極的テーゼ：万人が充分に保有しているのであれば、ある人が他の人よりもどれほど多くを保有していたとしても、そのことは問題ではない

この主張はわかりやすいし、一定の説得力もある。充分主義は、「水準低下の批判」――恵まれた人を恵まれない人と同水準に引き下げるのは妥当でないという批判――のポイントをまさに言い当てている。平等で重要なのは横並びになることではなくて、誰もが充分にもつことなのだ。

だが同時に、いくらかの疑問も浮かぶ。まず積極的テーゼにかんしていえば、「万人が充分に保有すること」が具体的にどのくらいの水準になるのかは明らかではない。閾値がきわめて低く設定されれば、はたして平等主義を意味するかは疑わしい。生存権で保障されるべき生活水準をめぐる一連の裁判（朝日訴訟や堀木訴訟など）は、そうした問題の所在を物語っている。

以下のような仮想事例――とても苦しいAと苦しいBのケース――を考えることもできる。

・閾値は200万円
・Aは50万円、Bは100万円をもつ
・再分配には100万円だけが使える

この場合、Aのほうが苦しい生活を送っているにもかかわらず、閾値を満たすことができるのはBだけなのでそちらを選ぶという結果が導かれる。つまり充分主義だけでは、非常に恵まれない人をカバーできない可能性がある。

次に消極的テーゼにかんしていえば、はたしてそれが、どこまで平等の要点を捉えきれているかという問題がある。閾値がそれなりの水準を満たしているとしても、多くを保有している者とそうでない者の格差は依然として問題になりうる。たとえば、世帯年収が400万円、800万円、2000万円の家庭の子どもがそれぞれいるとして、誰もが難関大学に進学できるチャンスをもつかもしれないが、可能性は有意に異なってくるだろう。

もっともフランクファートは、平等主義的な政策に反対しているわけではない。それが好ましい条件を副次的にもたらす可能性は大いにあるからだ。だが彼は、平等がそれ自体として価値をもつという議論には断固として反対する。「むしろ、平等主義の主張は派生的なものだ。それはもっと基本的な、尊重《リスペクト》と不偏性《インパーシャリティ》という要件に根ざしている」。つまり重要なのは、差別的な取り扱いを受けないことに尽きる。

だれかに尊重を示さないというのは、その人の性質や状況の一部についての関連性《レリバンス》を無視するということだ。尊重の欠如はその状況で、その人に関する何か重要な事実がきちんと認知されていないとか、適切に考慮されていないということだ。いいかえると、その人物はまるで、本当の自分ではないように扱われている。その人の人生における重要な特徴の含意が見すごされたり否定されたりしている。その人について物事がどうであるかという重要な側面が、まるでリアリティを持たないかのように扱われる。適切な敬意を拒絶されるというのは、まるでその人の存在自体が矮小化されたかのようになる。[2]

そもそもフランクファートは、「平等」と「平等主義」をかなり限定した意味で使っているといえるかもしれない。というのも、多くの論者は、ここでいわれる尊重や不偏性――尊厳をもつ者として偏りなく扱われること――こそが「平等」の要点だと考えるからである。そして消極的テーゼだけでこれらを満たすのは難しい。格差はさまざまな仕方で平等な関係性を蝕《むしば》むからである。

いずれにせよ、充分主義は平等の一側面にはかかわるけれども、すべてをカバーするものではない。あるいは、生存・生活の保障は平等を支持する理由のひとつではあるが、それだけでは不充分である。

②恵まれない立場への優先的な配慮――優先主義

平等を支持する第二の理由は、恵まれない立場への優先的な配慮（concern）である。一般的にいって、切迫したニーズをもった人は優先的に取り扱われるべき理由をもっている。事故によって生命の危険に晒された人には、優先してリソースが投入されねばならない。そこまで極端でないにせよ、苦しい生活を送る人についても同様のことがいえるだろう。

この平等の考えは優先主義（prioritarianism）といわれる。平等主義的リベラリズムを代表する思想家といえばロールズだが、彼の発想にもそうした性格が認められる。ロールズは社会制度の基本的なあり方を定める「正義の原理」を主張したが、とりわけ注目を集めたのが「格差原理」だった。

社会的・経済的不平等は、次の二つの条件を充たさなければならない。第一に、社会的・経済的不平等が、公正な機会の平等という条件のもとで全員に開かれた職務と地位に伴うものであるということ。第二に、社会的・経済的不平等が、社会のなかでもっとも不遇なメンバーにとって最大の利益になるということ（格差原理）[3]。

もっとも不遇なメンバーの利益の改善に配慮することは、まさしく優先主義といえる。このように、恵まれない人びとを優先的に取り扱うことは「平等」の重要な一部をなしている（ただしあとでみるように、格差原理には優先主義に尽きない大事な要素も含まれている）。

優先主義を検討した論文としては、哲学者デレク・パーフィットの「平等か優先か」がよく知られている[4]。例証のために次のような事例が用いられている。二人の子どもがおり、長男は健康で芸術の才能に恵まれているが、次男は生まれつき重い病気をもっている。一家は引っ越すところで二つの選択肢がある。郊外に移るなら長男は才能を伸ばすことができる。都市に移るなら次男の医療サービスはわずかに向上するが、長男の資質は埋もれたままになる。数値は比較の指標である。

- 郊外への引っ越し：長男25　次男9
- 都市への引っ越し：長男20　次男10

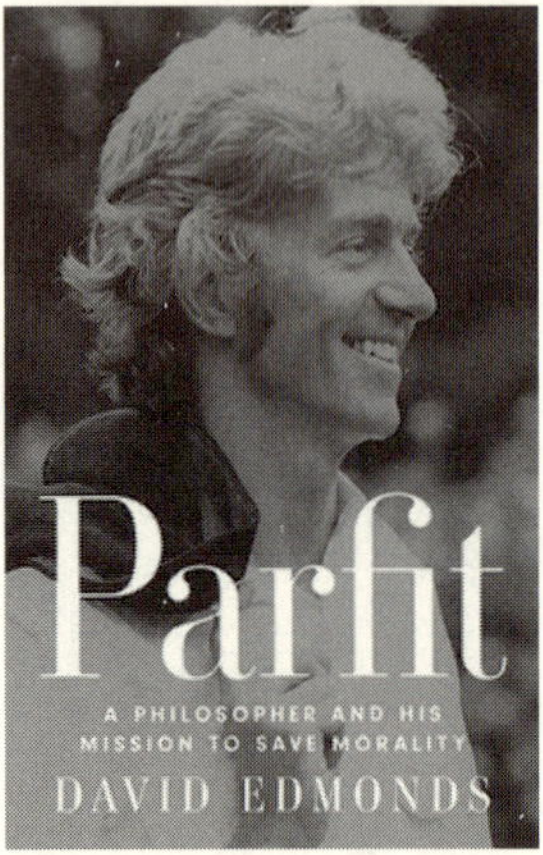

図2-1　デレク・パーフィット
（1942〜2017）

　たとえ全体の利益が小さくなるとしても、優先主義は都市への引っ越しを選択する。なぜならそちらのほうが、恵まれない立場の次男を配慮しているからだ。たしかにこの場合、長男の才能が花開くことはないが、それでも健康で不自由なく生活を送ることができる。都市で暮らすとしても次男はほとんど寝たきりかもしれないが、わずかでも状態が改善するならそれを望むより強い理由がある。

「才能の開花」と「病気の改善」というニーズがあるとして、後者はより切迫した、平等が優先して取り扱うべき考慮事項なのだ。第1章ではスティグマ化や差別の問題をみたが、こうした悪質な不平等に起因する苦境の改善も、切迫性や優先性をもつといえる。

　専門用語では、よさ・わるさを質的に区別せず量的な多寡だけで考えようとする立場を目的論的《テレオロジカル》平等主義、よさ・わるさを質的に区別する、あるいは苦境が生じた原因や経緯に注意を払う立場を義務論的《デオントロジカル》平等主義とよぶ。

　優先主義は充分主義と重なる部分もあるが、独自の利点や特徴をもっている。比較のために「とても苦しいＡと苦しいＢのケース」を再考してみよう。充分主義ではＡを見捨てる結果になりかねなかったが、優先主義ではそうする必要はない。優先主義によれば、たとえば１００万円のうち、Ａに75万円、Ｂに25万円を再分配して、両者が１２５万円をもつようにするオプションも選択肢に入る。

優先主義は必ずしも均等な分配を要請するものでないが、かりにＡが重病でＢは健康であった場合、あるいはＡが差別を受けているがＢはそうではない場合、このような選択も認められる余地はある。一般的に、充分主義は目的論的平等主義、優先主義は義務論的平等主義と結びつくことが多い。

このように優先主義は充分主義ではカバーできないところも補足できる。それから、たんに恵まれない人びとの境遇に注目するのではなく、さまざまなニーズの切迫性に注目する面もすぐれている。

ただし「ニーズの切迫性」には厄介な問題もある。もし解釈を非常に厳しくするなら、大半の問題や苦境は本人次第とされ、通俗的な自己責任論――苦しい生活を送っているのは自業自得だ――のようなものになりかねない。反対に解釈を非常にゆるくするなら、どのような状態であっても――たとえばギャンブルの借金でも――優先して補償される対象になってしまう。

もちろんこれらは極論であり、明らかにおかしな事例はふるいにかけることができる。だがそれでも、判断に迷うようなケースは依然として残る。たとえば以下を考えてみよう。

①人生が全体として境遇がわるい人びと
②ある時点において非常に境遇がわるい人びと
③道徳的にみてより切迫したニーズをもつ人びと

限られたリソースを前提にして、これらのうち、誰をいかなる程度まで優先して取り扱うべきだろうか。ロールズの格差原理が対象とする「社会のなかでもっとも不遇なメンバー」とは誰だろうか。これは簡単に答えが出る問題ではない。

また優先主義は「誰の利益を改善すべきか」についてはいろいろと考えているが、「誰が負担を負うべきか」についてはあまり考察していない。あるいは、不遇なメンバーや状況については細かく検討しているが、そうでない物事についてはひとまとまりにしているきらいがある。だが税負担などを考える場合、一緒くたにではなく、少なくとも貧困層・平均層・富裕層・超富裕層を分けることが必要だろう（第4章）。

さらにより大きな論点になるが、優先主義は対症療法的なものにとどまりがちだ。目の前で苦しんでいる人がいればもちろん治療せねばならない。だが同時に、ケガや病気を予防することは、ある意味でそれ以上に重要である。不平等の問題についても同じことがいえる。つまり不平等をうむ原因や構造こそが是正されねばならない。

というわけで、優先主義は不平等に正しく対応している部分もあるが、平等についてはまだなお語るべきことがある。

③影響の中立化――運の平等主義

平等を支持する第三の理由は、影響や条件の中立化である。これを表した英語の言い回しに、競技場を等しく均《なら》す＝公平な条件を整える（levelling playing field）というものがある。トラックのレーンでコンディションが異なるとしたら、公平な勝負にはならない。選手がどれだけすぐれているかを判定するためには、平等な条件で競技が実施される必要がある。

影響や条件の公平さに着目するのが、運の平等主義（luck egalitarianism）である。この立場は「自然による運」と「選択による運」とを分ける。前者は自分が選択したのではないものにかかわる。私が1982年に男性として生まれたことは、端的な偶然という意味での運といえる。対して、後者は自分が選択したものにかかわる。私が研究者の道をすすみ教員になったことには、さまざまな要因が絡んでいるけれども、その始まりには自分の選択がある。

運の平等主義の目的は「自然による運」がもたらす影響や条件をできるだけそろえることである。性別、健康、才能、家庭環境、めぐりあう人びと。そうした条件を選んで生まれてくることはできない。だがそのことで、人生が著しく不平等になるとしたら公平な社会とはいえない。対して、自分が納得して選んだのなら、見通しは異なるにせよ、その結果を——選択による運を——すすんで引き受けるべきである。

つまり運の平等主義は「偶然《チャンス》」と「選択《チョイス》」とを分け、偶然による影響を是正するが、選択による帰結には介入しない。[5] これには相応の説得力がある。「機会の平等」は尊重するが、「結果の平等」までは求めない態度といってもよい。アリとキリギリスの童話でいえば、選択の結果、両者の暮らし向きが異なっても、それは正当化可能な不平等となる。勤勉なアリと怠惰なキリギリスは、それぞれにふさわしい報いを受けるべきなのだ。

この特徴は、充分主義や優先主義には認められない、運の平等主義のメリットである。たしかに恵まれない人は優先して配慮されるべきかもしれない。しかし、同じく苦しい状態にあるとはいえ、Aは努力したにもかかわらず不運にみまわれた結果であるのに対して、Bは恵まれていたにもかかわらず怠惰であったからだとしたらどうだろうか。頑張った人と怠けた人は、異なった処遇を受けてしかるべきようにも思われる。運の平等主義は、このようにして常識や直観にもうまく適合する。

しかし、運の平等主義にも問題がある。二点を指摘しておきたい。第一に、「自然による運」と「選択による運」を、明確に区別できるかは疑わしい。アリとキリギリスは育てられ方が異なっていた可能性がある。アリは勤勉が大事だと教えられ、身近に手本となるような存在がいたのに対して、キリギリスはそうでなかったのかもしれない。両者のライフスタイルは、この場合、一応は選択によって身につけたものだとはいえ、完全にそうとまではいいきれない。

第二に、「選択による運」を引き受けるべきだという要請は、しばしば過酷な結果をもたらす。次のケースを考えてみよう。Cは無免許でバイクに乗り、身勝手な運転をしたあげく、事故を起こして大怪我をした。これが「選択による運」なのはまちがいない。運の平等主義を徹底するなら、まったくの自業自得なのだから救急車をよぶ必要はない、となる。だがこれは、あまりに厳しい立場ではないだろうか。

より現実的な事例を想定することもできる。Dは、虐待とまではいえないが、愛情に乏しく教育熱心でもない家庭で育った。その結果、Dは勤勉さやスキルや出会いに欠け、望んだ仕事に就くことができず、苦しい生活を送っている。他方で、似たような家庭出身のEは一念発起して成功し、充実した日々をすごしている。

Eはまちがいなく賞賛に値する。逆境にもかかわらず成功したことはすばらしい。だがそのことは、Dに対して次のような言葉を浴びせていいことを意味しない。「同じような境遇でうまくやれている人がいるのだから、あなたが苦しい生活をしているのは自業自得だ」。しかしこうした安直な自己責任論はしばしば聞こえてくる。

運の平等主義が学問上で登場したのは1980年代だが、それからの数十年は現実社会で自己責任論が流行した時期とも重なる。断っておけば、運の平等主義者の大半は俗流の自己責任論をむしろ批判している。だがそれでも「偶然」と「選択」を区別し、後者には責任を負わせようとする立場は、ともすると生きづらい社会をもたらしがちだ。

フェミニズム政治理論家のアイリス・マリオン・ヤングは、このロジックを「帰責モデル」とよんで批判する。それは恵まれない人を抑圧するのみならず、自己防衛と非生産的な責任の押しつけ合いを生み出すことで、社会に分断をもたらす。ヤングはそれに代えて、社会背景のさまざまな条件を問い直し、責任の分有をめざす「社会的つながりモデル」を提唱している。[6]

アリとキリギリスの童話にはいくらかのバージョンが存在し、助けてもらったキリギリスが心を入れ替えるというものもあれば、見捨てられて哀れにもそのまま死んでしまうというものもある。あるいは実際のところ、助けられて多少はしおらしくなったものの、そのうちまた怠けはじめたのかもしれない。いずれにせよ本書の考えでは、平等な社会とはキリギリスを見捨てない社会のことである。

たしかに「影響や条件の中立化」という目標にはもっともなところがある。あるべき平等の一部をなすのはまちがいない。だがそれは、平等の理念と等しくはない。つまり運の平等主義にも、欠けているところがまだ残っている。

④支配関係がないこと――関係の平等主義

平等を支持する第四の理由は、支配の不在（non-domination）である。優越性《ドミナンス》をもつ者はしばしばそうでない者を支配《ドミネート》する。極論すれば、主人と奴隷の関係である。もちろんいまでは身分制は禁止されている。しかし、支配／被支配の関係は至るところに存在する。たとえばそれは、上司に忖度《そんたく》する部下の姿であるかもしれない。こうした現象が蔓延《まんえん》する社会は平等からはほど遠い。

議論を明確にするため「権力関係」と「支配状態」を区別したい。権力について深く考えた思想家・歴史家のミシェル・フーコーは次のように述べている。

権力関係という言葉で、私は支配状態ということとは異なった何かを理解しています。権力関係は、人間関係のなかできわめて大きな広がりをもっています。……ある場合には、権力関係は支配の事実ないしは支配状態と呼びうるものに遭遇します。そのとき権力関係は、さまざまな当事者がそれを変更するための戦略をわきまえているような流動的なものではなくなり、せき止められて固定されてしまいます。ある個人なり社会集団なりが、ある権力関係の場をせき止め、動けないように固定し、運動の可逆性をすべて停止させてしまうのに成功すると――そのための道具は、経済であったり政治であったり軍隊であったりするわけですが――、いわゆる支配状態が展開することになるのです。[7]

フーコーによれば、権力関係とは必ずしも否定されるべきものではない。というより、ここでいわれる権力は、さまざまなコミュニケーションを織り成しており、消え去ることはない。ただし同時に、権力関係は可塑性《かそせい》を備えており、逆手にとって新しいメッセージを発したり、従来の関係を変更したりすることができる。

たとえばフーコーの故国フランスでは、2018年から「黄色いベスト運動」が実施された。この蛍光ベストはそもそも政府が自動車のドライバーに常備することを義務づけたものであった。だが燃料価格の上昇などで政府に不満をもった人びとは、それを抗議運動のユニフォームに転用した。つまり政府から押しつけられたものを逆手にとって、政府に対抗的なメッセージの象徴へと仕立てたのである。これは権力関係の刷新といえる。

しかしそうした組み替えの余地がなくなり、力の非対称性が固定化してしまうと、権力関係は支配状態に転化する。そのとき社会は対等な人たちではなく、強者と弱者からなるものになってしまう。こうした格差が広がれば、最終的には主人と奴隷の関係にゆきつく。ルソーは『人間不平等起源論』の末尾で、それを腐敗の極みにある「新たな自然状態」とよんだ。「主人が口を開くとき、頼りにすべき誠実も義務も存在しなくなる。奴隷たちに残された唯一の美徳は、批判せずに服従することだけである」[8]。

こうした意味での支配の不在をめざすのが、関係の平等主義（relational egalitarianism）である（研究書では「関係論的平等主義」と表記されることが多い）。これはあらゆる格差をなくそうとするものではない。たとえば、組織内部で職務・位階・待遇に違いがあってもよい。というより、そのような仕組みを設けないとすれば、何らかの活動を継続することは難しいだろう。しかし関係の平等主義は、格差が本来の領分をこえ、権力関係が支配状態に転化することには断じてノーを唱える。

これまでみてきた三つの立場——充分主義、優先主義、運の平等主義——であっても、通常は支配関係に異議を唱えるだろう。なぜならそのとき、恵まれない人びとは何らかの苦境にあると思われるからである。だがあえていえば、分配のパターンに関心をよせるため、支配を生み出す構造への目配りは薄い。あるいは場合によっては、支配状態を見過ごす可能性もある。上司に忖度する部下は、一定の生活が確保されているなら仕事として割り切り、さらに弱い者に抑圧を移譲するかもしれない。

関係の平等主義はもちろん機会の平等を支持する。だがそれを最終目標だとは考えない。たとえば、難関大学の合格者層が改善されただけでは、社会が平等に近づいたとは必ずしもいえない。人種やジェンダーの面で幅広い合格者が出ることはもちろんよいことだ。しかし、高学歴の人たちだけが恵まれた条件の仕事への特権的なアクセスをもつとしたら、あるいは特定のライフスタイルや価値観だけが評価されるのだとしたら、そうした社会の仕組み自体を問い直す必要がある。

ある種のゲームには支配関係を防ぐためのルールが備わっている。たとえば球技では、一定の条件が満たされた場合、ボールの所有権が交代したり、イニングやクォータが区切られたりするなどして、ゲームがなるべく白熱するような工夫が凝らされている。またプロのチームスポーツでは、ドラフトやトレードに制約をかけることによって、戦力が不均衡になりすぎることが抑止されている。

関係の平等主義もまた、たんなる対症療法や局所的なものにとどまらない平等をめざすものである。そしてこうした長期的・構造的な改善への展望こそが平等の要点であると本書は考える。それでは次に、このポイントを掘り下げてゆきたい。

平等の要点――「局所的な平等化」をこえて

以上でみてきた四つの平等主義の立場をあらためて確認しておこう。

①充分主義：一定以上の閾値を満たすことが平等である
②優先主義：不遇な人びとの状況を優先して改善することが平等である
③運の平等主義：不運の影響を取り除くことが平等である
④関係の平等主義：対等な存在としての人びとからなる社会をつくることが平等である

これらはすべてもっともな側面をもち、相互に重なり合うところもあるが、本書はとりわけ関係の平等主義に賛同する。この立場を打ち出した政治理論家がエリザベス・アンダーソンである。論文「平等の要点とは何か」で彼女はこう宣言する。

平等主義的正義がもつ真の消極的目的とは、人間社会から自然による運の影響を取り除くことではなく、抑圧（定義からして抑圧は社会的に押し付けられたものである）を終わらせることである。平等主義がもつ真の積極的目的とは、すべての人がその道徳的に値するものを手にすることではなく、人々が他者と平等な関係に立てるようなコミュニティを創造することである。[9]

ここで批判されているのは運の平等主義である。この立場は１９８０年代から90年代にかけ、有力な理論家の支持をえて洗練されていった。現代政治理論の教科書をひもとけば、何らかの解説がみつかるはずだ。

図２-２　エリザベス・アンダーソン（1959〜）

これが学問上の重要な貢献であったのはまちがいない。だがこの時代は、アメリカをはじめとして、現実社会で格差が再拡大してゆく時期でもあった。「偶然」と「選択」を分け、自然による運は是正するが、選択による運には責任を負わせる。運の平等主義のロジックは、提唱者の意図はともかくとして、自己責任論に対して脆弱《ぜいじゃく》であった。

自己責任論は二重の仕方で平等に悪影響をおよぼす。第一に、政府が端的に弱者を切り捨てる、あるいは福祉サービスの水準を低下させることが考えられる。チャンスがあったはずなのにうまくやれなかったあなたに落ち度がある、同じような状況できちんと生活できている人もいるのだから、というロジックである。

ただし、残念ながら実際よくみられる話だが、この自己責任論がはらむ脆弱性は運の平等主義への理論的な批判とまではいえない。なぜなら以下の反論が可能だからだ。すなわち、偶然／選択の線引きを適切に引き直すなら――通俗的な自己責任論では選択が過大にカウントされる――むしろ弱者への手厚いサポートが導かれるはずだ、という反論である。

この反論が妥当だと、つまり恵まれない人への厚いサポートが理論的に正当化されるとしてみよう。しかしここで、第二の問題が生じる。運の平等主義の前提からして、そうした人びとは何らかの点でハンデを負っている。たとえば彼女は、偶然にも恵まれない環境で育つことになった。あるいは彼は、偶然にも何らかの取り柄や才能をもたずに生まれた。

運の平等主義は彼らを見捨てない。だがこのとき、前者はともかく、後者の自尊心は容易に損なわれる。いささかグロテスクな話になるが、彼はサポートを受けるために役所に行き、自分が価値の低い人間であることを証明しなければならないからだ。「恥辱の告白」といわれる問題である。一定の生活を保障するとしても、少なからぬ者に「自分はガチャの外れクジだ」と申請させるような社会は、けっして平等な社会とはいえない。

補足すれば、運の平等主義（または充分主義や優先主義）がすべてまちがっているわけではない。これまでみてきたように妥当な側面も含まれている。だがかりに、既存の社会構造の歪みや価値観のねじれを問い直すことなしに、さしあたり足並みをそろえられたとしても、それはめざすべき目的地とはいえない。これを「局所的な平等化」の問題とよびたい。

局所的な平等化：妥当な理由づけを欠く社会上の不公平な仕組みを放置したうえで、何らかのローカルな部分での平等を達成しようと試みること

たとえば第5章でもみるように、日本の国会議員のジェンダーバランスはきわめてわるい。それゆえ男女比が改善されてゆくことは望ましいといえる。だが次のような仮想事例を考えてみよう。この社会では、立身出世には男性優位的な行動様式（マチズモ）が有利とされており、女性議員は、女性であるにもかかわらず――あるいはそれゆえに――自分がいかに男性的にふるまうことができるかをこぞってアピールする。この場合、男女比の平等化は、関係の平等化を必ずしも意味しない。むしろそれは抑圧や支配と両立する。

アンダーソンの問題提起につなげていえば、抑圧や支配の不在という最重要の目的が欠けている場合、①充分主義、②優先主義、③運の平等主義は「局所的な平等化」の罠《わな》に陥る恐れがある。たとえば貧困の解消は切迫した課題だが、それだけで不平等の問題が解決するわけではない。かりに生活苦にあえぐ人がいなくなったとしても、あるべき平等主義は、消極

的にはなおも残る抑圧や支配の解消を、そして積極的には平等な関係の社会の構築を要求するのである。

アンダーソン自身は、こうした社会の理念を「民主的平等」とよぶが、このアイデアはロールズの『正義論』にも見出される[10]。これまでロールズはしばしば運の平等主義の創始者とされてきた。だが、『正義論』には不運の除去を意図しているところもあるが、全体として読めばその立場は関係の平等主義としたほうが適切である。本書の後半部では〈財産所有のデモクラシー〉に注目するが、この構想がめざすのも「関係の平等主義＝民主的平等」にほかならない。

三つの不平等の区別――差別・格差・差異

不平等に反対する理由・平等を支持する理由についてみてきたが、不平等という言葉そのものは特段区別してこなかった。ただし、この用語が照準する事態はきわめて広い。人種差別と所得格差はどちらも「不平等」とよぶことができるが、両者のニュアンスや不正の度合いには明確な違いがある。これらを分節化しておくことは議論のために有益だと考えられる。

そのためこれからは、広義の不平等を、以下の三つに区別することにしたい。

①差別 discrimination ＝否定される不平等――原則としてあってはならないもので、もし存在するとしたら、優先して対策が講じられなければならない

②格差 disparity ＝容認される不平等――少なくなることが望ましいものだが、実際上ゼロにすることはできないため、一定の範囲内に収まるならば認められる

図 2-3　ジョン・ロールズ（1921～2002）

③差異 difference ＝承認される不平等――一人ひとりのユニークな違いに由来するもので、これを消去しようとすると、むしろさまざまな問題が生じる

英語の綴《つづ》りからわかるように、差別・格差・差異は、いずれも「dis 別々に・離れて」という接頭辞をもつ（difference は語頭が変化している）。そして私の考えでは、これらは大まかに、ロールズのいう正義の二原理に関連づけることができる。[11]

①第一原理＝平等な自由の原理――すべての人びとは、基本的な諸自由を保障される。この自由の枠組みは、他の人びとが同様にもつ自由の枠組みと両立するものである

②第二原理前半＝公正な機会平等の原理――社会的・経済的不平等は、公正な機会の平等という条件のもとで、すべての人びとに開かれた職務や地位に伴うものであるかぎりで、認められるものとなる

③第二原理後半＝格差原理――社会的・経済的不平等は、他の可能な制度編成の場合と比較して、もっとも不遇なメンバーにとって最大の利益になるのであれば、認められるものとなる

以上の三つの原理からなる正義の構想が〈公正としての正義〉である。それでは具体的にみてゆきたい。まず、①差別については詳しい説明は不要だろう。人種差別やジェンダー差別のように、人権が明白に侵害されているようなケースである。このような場合、ほかにどのような考慮事項があるとしても、事態を放置することは許されない。たとえ是正に高いコ

ストがかかるとしても、それは正当な弁明の理由にならない。

次に、②格差の例としては「一票の格差」をあげることができる。選挙区の区割りにかかわるもので、議員一人を選出できる有権者の数が少なくなるほど、政治的影響力が割り増しになる現象である。たとえば小選挙区Aは10万人、Bは50万人の有権者だとすると、Aでの一票はBでの5倍の重みをもつことになる。

政治的影響力は平等であることが望ましい。しかし、厳密に実現するように選挙区を割ることは実際上は不可能である。2022年参院選での一票の格差は3・03倍だったが、最高裁は「合憲」との判断を下した。もちろんこの格差は可能ならより小さくなることが求められる。職業上の所得格差についても同様のことがいえるだろう。

最後に、③差異の例としては、生まれもった特性や資質をあげることができる。それらがどこまで開花するかは、環境の影響や本人の努力にもよるところも大きいが、ある程度まで生得的に決まっているのもたしかである。たとえば私がどれだけ励んだとしても、プロの音楽家やアスリートになるのは難しかっただろう。

そもそも体格や体質の違いからして、ある人びとは別の人びとよりも特定のスポーツや活動に向いている。だからといって、運動神経のような生得的な資質を移植することはできないし、健康な人にそれに応じた錘《おもり》を背負わせること——身体能力の引き下げ型《レベリング・ダウン》の平等化は不条理である。そのような差異については、ひとまず承認することが出発点となる。

このようにして、広義の不平等は、差別／格差／差異に区別することができる。正義の二原理には、①第一原理∨②第二原理前半∨③第二原理後半という優先順位（辞書的優先性）がつけられているが、それと同様にして、①差別∨②格差∨③差異の順で対策がされなければならない。それゆえある施策が、経済的な改善とひきかえに（特定の人びとの）平等な自由を侵害するとすれば、正義にかなったものとはいいがたい。

いくらかの補足をしておきたい。まず、差別／格差／差異という三類型は、いわゆる理念型（マックス・ウェーバー）であって、一定の性質や典型を指し示すことを意図しているが、あらゆる不平等がいずれかに同定可能とまでは主張していない。たとえば不平等のなかには、①差別と②格差の複合的な性質をもつものもあるだろう。

このことにもかかわるが、ロールズのいう格差原理は、②格差と③差異を独自の仕方で関係づけようとするものである。つまり格差原理も複合的な性質をもつ。以下では、これらの不平等がいかにして平等と結びつくのかを論じておきたい。簡単にいえば、それは、一見したところの不平等を、転じて平等の基礎にしようとする試みである。

格差原理と(不)平等

格差という意味での不平等に認められる、積極的な側面とはどのようなものだろうか。もちろん一般的には格差はよくないものだとされている。格差社会という表現には、多くの場合、実態を表すだけではなく「格差を減らすことが望ましい」というメッセージが込められている。

ただし本書が用いる意味での「格差」と「差異」は、実際のうえで分かちがたく結びついているところがある。これはまさしく、ロールズが格差原理(difference principle)で念頭においていた問題でもあった。まずはその具体例を確認しておこう。

格差原理によるなら、熟練労働と非熟練労働の賃金格差を正当化できる。ただしそれは、以下の条件を満たしていなければならない。まずは辞書的優先性にしたがって「平等な自由の原理」と「公正な機会平等の原理」をクリアしている必要がある。つまりこの社会では、差別の問題が解決されており、さらに誰もが生まれた環境にかかわらず、資質や意欲に応じた職業に就ける可能性が開かれていることが前提となる。

さて、熟練労働の例として医者の仕事を考えてみよう。医師の賃金は恵まれているが、理由としては、一定の資質や訓練を必要とする職業であり、誰もが簡単にこなせるわけではないことがあげられる。労働インセンティブの問題もある。認定基準を著しく緩和したり賃金を大幅に下げたりすれば、適格な人材が集まらず、結果としてヤブ医者が増加するだろう。そのような場合でも、富者は高い報酬を払って腕利きの医者にかかることができる。しかし貧者はヤブ医者にかかることを強いられる。医師のような熟練労働の適度な高給を認めないとすれば、結局のところ恵まれない人こそが正面からダメージを受けかねない。

つまり格差原理の眼目は、③差異《ディファレンス》を前提にしたうえで、②格差《ディスパリティ》を設定することにある。熟練労働に適した恵まれた才能や資質が否定される必要はないが、それはあくまでも、恵まれない人びとの境遇をなるべく改善する仕方で活かされなければならない。こうした要請を述べた以下の文章は力強い響きをもっている。

> より卓越した生来の能力をもつに値する者は誰一人いないし、より恵まれた社会生活のスタート地点を占めるに値する者もいない。だがもちろん、このことがそうした差異＝区別（distinctions）を無視したり（ましてや）廃絶したりする理由になるわけではない。差異＝区別を無視・廃絶するのではなく、そのような偶然性がもっとも不遇な人びとの善のために機能するよう基本構造を編成することができる。[12]

差異そのものをなくすことはできないし、必ずしもなくすべきでもない。しかし、差異から生じうる――いまの評価基準に偶然もとづく――不平等は、社会制度を介して是正されねばならない。差異が差別や多大な格差につながる社会は、その限りで正義にかなったものではない。

積極的にいえば、差異から生じる格差が「他の可能な制度編成の場合と比較して、もっとも不遇なメンバーにとって最大の利益になる」場合こそ、まさしく格差原理がめざす状態である。そしてこのとき、格差もまた、容認というより承認されるべきものになっている。なぜなら、一見逆説的に思われるかもしれないが、この場合、「存在しているあらゆる経済的不平等は、それが、まさしくもっとも恵まれない人の福祉に貢献しているという理由で、存在している」ことになるからである。[13]

格差原理が定める医師の理想的な給料は、一般的な職業のそれよりも高額となるだろう。だがまさにその格差によって、最適な医療サービスが提供され、結果としてもっとも不遇な人びとは（他のフィージブルな可能世界と比べて）恵まれた状態にあることができる。もっともこの場合ですら、見方によれば現存する不平等を正当化する方便に思われるかもしれないし、そのような観点からなされる格差原理への批判も存在する。[14]

しかし私の考えでは、もちろん必要以上の格差は不正義だとしても、差異から生じる格差をゼロにすることはできないし、強引にめざすとすれば（たとえばあらゆる仕事の賃金同一化）

むしろ社会に混乱がもたらされるだろう。いいかえれば、関係の平等主義や格差原理は、社会的・経済的格差がゼロになることを要求しない。むしろそれは、正義にかなった仕方で「人びとの差異から生じる格差を転じて平等の基盤とする試み」なのである。[15]

差異ゆえに平等

最後に、差異について二点補足しておきたい。第一に、差異は二重の意味で偶然性をもつ。ひとつはどのような特性をもって生まれるかということであり、もうひとつは当該社会の評価基準に適合するかということだ。たとえば、類まれな音楽の才能をもって生まれることは偶然であるが、それがどれほど評価される世界に生きるかも偶然である。生まれた時代や場所によっては、バッハやモーツァルトですら無名の存在として生涯を終えただろう。

第二に、差異は個人レベルで独立して定まるものではない。ロールズはいう。「格差原理は生まれつきの才能の分配を共同資産《コモン・アセット》とみなし、かつ、何であれその分配から生じる利益を共有することへの合意を表している」。もちろんこれは、人びとの才能や労働の成果を政府がすべて所有する、ということではない（それだとディストピア小説の世界である）。そうではなく、ある人の特性や資質の評価は、他の人のそれらとの兼ね合いで決まる側面を含むことを意味する。一見きらびやかな仕事をしている人は、実のところエッセンシャル・ワーカーに多くを負っていたりする。

たとえていえば、カードゲームにおいて、個別のカードに一定の数値がふられているとしても、他のカードとの組み合わせやデッキによって、強さや使いやすさが変わってくるようなものだ。「共同資産とみなされるべきものは、だとすれば、生まれつきの才能の分配ないし分布である。つまり、人びとのあいだの差異《ディファレンス》である」[16]。

格差原理のいう平等とは、一人ひとりがユニークな差異をもつことの認識から出発し、それをできるかぎり公正な仕方で分かち合うことをめざすものだ。「〈公正としての正義〉において、人びとはたがいの運命《フェイト》を共有することに合意する」[17]。つまりそれは、いまの社会にみられる一元的な能力主義とは異なった感覚にもとづく平等の考えである（第6章）。

平等は、あらゆる違いをなくすことではない。差異の消去や個性の画一化は、いわば等しく不自由になることだ。それは支配の不在の対極に位置する。そしてもちろん平等は、苛烈な差別や著しい格差の放置を認めない。関係の平等主義がめざす「対等な存在としての人びとからなる社会」とは、分離すれども平等（separate but equal）ではなく、差異ゆえに平等（different and equal）というヴィジョンをかかげるものなのである。

第3章　平等と能力主義

本章では、アファーマティブ・アクションや能力主義をめぐる論争を手がかりとして、平等についての理解を深めることを目的とする。この論争では正義と能力・功績とのつながりが争点とされるが、関係の平等主義からすると、両者をいったん分離することが重要だと主張する。「機会の平等」もこの観点から有効に捉え直すことができる。最後に、めざすべき平等な社会を体現するものとして、財産所有のデモクラシーの構想に触れる。

アファーマティブ・アクション

第1章と第2章では、不平等と平等の問題にアプローチするための理論上の枠組みや切り口について確認した。この問題を考えるにあたっては、さまざまなケースや理由づけを区別することが欠かせない。とくに重要なことは、どのような不平等が是正されるべきか、そしていかなる平等がめざされるべきか、ということである。簡単にいえば、それは支配や抑圧が解消され、平等な関係の人びとからなる社会であった。

不平等を是正するものとしては、アファーマティブ・アクション（affirmative action）がよく知られている。「積極的差別是正措置」「ポジティブ・アクション」ともいわれるが、大学入試や公務員採用などにおいて、特定の属性をもつ人びとを優先的に処遇する試みのことである。以降は「ＡＡ」と略記する。

代表的なＡＡとしては、アメリカの医学部入試で黒人の志願者を優先して合格させるというものがある。また近年、日本の理系学部入試でも女性の志願者を積極的に採ろうとする動きがある。過去の不正などに起因する不平等や偏りの是正が目的とされる。

ＡＡの始まりは１９６０年代のアメリカだが、つねに論争の的となってきた。優先して合格者を出すとすれば、不合格者がそれに応じて出ることになる。合格者よりも高得点だったにもかかわらず不合格になった人は、不公平だと感じても無理はない。ＡＡと能力主義は緊張関係にある。

以下ではＡＡについて肯定的なスタンスを示すが、ＡＡそのものというよりは、背景にある理由づけや考慮事項に焦点を合わせたい。本章では、能力主義のどこに問題があるかを検討する。端的にいえば、能力が平等を定めるのではなく、平等が能力を位置づけなければならない、と主張する。

ＡＡ――五段階の規範

ＡＡについてはさまざまな議論が交わされてきたが、まずは哲学者トマス・ネーゲルによる整理を参考にしたい。彼が１９７３年に発表した「優先政策」はＡＡ実施初期に書かれたものだが、いまなお示唆に富む論文である。[1]ＡＡは図のような五段階のステップを踏んできている。

ＡＡの五段階
①意図的な差別の撤廃
②偏見が残ることへの意識
③差別を受けてきた人びと・集団への配慮（優先主義）
④Ａ　より積極的な③の推進（＝ＡＡは正しい）↑優先主義∨能力主義
④Ｂ　能力主義の観点からの反論（＝ＡＡは逆格差で不正）↑能力主義∨優先主義
⑤能力と正義の問題を切り離すこと（未形成の規範）

図 3-1　トマス・ネーゲル（1937〜）

第一段階は、意図的な差別の撤廃である。アメリカの一部の州では１９６０年代まで黒人の人びとに選挙権が認められておらず、人種差別はなお激しかった。そこまで露骨なものではなくても、大学入試では人種や性別による制限を設けることが認められていた。これらは明らかな不正といえる。

第二段階は、不正が法律で是正されたとしても、偏見はなかなか消え去らないこととの自覚である。「これが差別にあたるとは知らなかった」「自分としては差別をしているつもりはなかった」。こうした説得力を欠く弁明はしばしば口にされる。無知や価値観の偏りは根深いものであるため、意識的に向き合うことが必要とされる。

第三段階では、不利を被ってきた集団や人びとへの公的支援が実施される。一般に、歴史的な不正や不平等の影響は長引きやすい。形式的には平等になったとしても、昔から恵まれてきた人びとは有形無形のコネクションをもっているし、子どもに手厚い教育を提供することもできる。身近にロールモデルがいるかいないかという違いも大きいだろう。

この段階では、政府が率先して恵まれない人びとを支援することが期待される。具体的にいえば、家庭の事情で進学が難しくなっているマイノリティの志願者に対して奨学金を給付すること、無料の学習教室を提供することで勉強の手助けをすることなどである。そして第三段階までは、優先主義――恵まれない人びとを優先的に処遇するという意味での平等主義（第2章）――を体現するものとして、コンセンサスがあるといってよい。AAは次のステップで登場する。

第四段階では、選抜試験そのものでマイノリティの志願者を優先的に取り扱う。実際にアメリカでは、医学部やロースクール入試において黒人の入学者を一定数確保し、医師や弁護士の人数を増やそうとする措置がとられていた。これはまさしく代表的なAAだが、おもに二つの理由によって支持される。ひとつは不正への補償であり、もうひとつは多様性の確保である。

すなわち一方では、第二・三段階でみたように、歴史的不正の影響は容易に払拭しえないため、さらに踏み込んだ措置が必要という見解がある。他方では、かりに不正の影響を措《お》くとしても、エリートが特定層（白人男性）に偏るのは問題であり、多様性に富むほうが望ましいという主張が成り立つ。いずれも現状がまだ公平でないとの判断に立つが、前者は過去志向、後者は未来志向といえるだろう。

AAを実施する場合、テストの点数はマイノリティの志願者よりも高いが、マジョリティであるゆえに不合格になる者が出てくる。アラン・バッキはそうしたひとりで、カリフォルニア大学医学部を二年つづけて不合格になっていた。定員100人のうち16人はマイノリティ枠であり、黒人の合格が優先されていた。白人のバッキはいわばその割を食ったのだが、彼は裁判所に異議を申し立て「バッキ訴訟」として注目を集めることになる。

テストにおいて高い点数をとったにもかかわらず、マイノリティではないという理由によって自分は不合格になった。しかしこれは不公平ではないか。能力の観点からすれば、自分は幾人かの黒人志願者よりもすぐれていたはずなのだから。バッキの言い分はこのような「能力主義からの反論」といえる。この主張を敷衍《ふえん》すれば「AAは逆格差だ」ともいえるだろう。

なおこのようなケースにおいて、一般には「逆差別」という表現が用いられるが、第2章での差別・格差・差異の区別にもとづき、本書では「逆格差」と表記する。なぜならAAで問題となる不平等は、差別のように著しく不公正なものとはいえないからである。

裁判はバッキの勝訴に終わった。アメリカ連邦最高裁判所は、彼を入学させるように命じた。ただし同時に「AA自体は合憲である」との判断を下した。すなわち、限度をこえた是正措置は異議申し立ての対象となりうるが、人種などを考慮した選抜を実施すること自体は問題ない、というわけである。そしてこの判決後、少なからぬ大学がAAを実施していった

（ただし近年の判決ではＡＡに逆風が吹いている）。

正義と能力主義

ネーゲルの整理に戻ると、第四段階では「優先主義」と「能力主義」が競合する。

優先主義：恵まれない人びとを優先的に配慮すべきである

能力主義：選抜試験や業績評価はそれに見合った能力によって判定されるべきである

優先主義∨能力主義と考えるならＡＡは正しい（④Ａ）。対して、能力主義∨優先主義とするならＡＡは逆格差であり、その限りで不正なものとなる（④Ｂ）。二つの考えのどちらが妥当かについては、決定的な評価はまだ下されていない。それに伴いＡＡも依然として賛否両論である。

ネーゲルによれば、この第四段階のディレンマは、次の第五段階にすすむことによって理論上は解消することができる。重要になるのは次のアイデアである。

ある種の能力は、効率《エフィシェンシー》の観点からみれば、ある仕事に就くことと関連性をもちうるが、正義《ジャスティス》の観点からみれば、関連性をもたない。というのは、そうした能力は、人がその仕事に見合う報酬分の価値を持っていることを示すものではないからである。特定の地位において成功をもたらす優秀性・経験・才能は、それ自体としては、競争経済におけるその地位にたまたま付随している報酬を得るには値しない、ということは大いにありうることである。

つまり能力について考える場合、「効率の問題」と「正義の問題」を混同してはならない。そして能力主義は、効率には関連するが、正義とは直結しない。

医師という仕事で考えてみよう。医者には一定の資質が求められる。知力、体力、人あたりのよさ、それから外科医の場合、手先の器用さも必要だろう。こうした能力は「よい医師である」ことに関連しているため、試験や査定の対象にすること——高得点者から順に選抜・評価すること——は正当だと仮定してみよう。

つまり効率の観点からは能力主義を認めるとしよう。ただしこのことから「すぐれた能力をもつ医師は、それゆえ（現状で認められているような）多大な報酬に値する」という分配的正義上の結論は、必ずしも導かれない。すぐれた能力をもった医師が、実際、つねに同一水準の報酬を受け取ってきたわけではない。時代や社会が異なれば少なからず変動する。

医師の賃金に限らないが、現在認められている基準が絶対的なものではない。それは「競争経済におけるその地位にたまたま付随している報酬」としての性格をもっている。つまるところ、効率（能力主義）は正義と等しくはない。だとするなら、「能力こそが正義だ」という考えに立脚した「AAは逆格差だ」という批判は効力を減じる。ネーゲルは、たしかにAAは不正義（逆格差）を一面で含むものの、そもそも現状の能力主義的な選抜自体が正義にかなっていないため、AAは必ずしも深刻な不正義ではないと結論している。

ネーゲルが「能力と正義の分離」というアイデアを提起してから半世紀後の今日、能力主義は一層の支持を受けているようにも思われる。しかしこの考えに問題はないだろうか。以下では、能力主義にまつわる論点を検討し、どこに難点があるかを考察したあと、ふたたび「能力と正義の分離」のアイデアに立ち返りたい。

公正な能力主義はゴールか？

最初に、能力主義について補足しておきたい。これはメリトクラシー（meritocracy）の訳語である。メリト（メリット）とは能力や業績に裏づけられた資格のことであり、能力主義《メリトクラシー》とは資格にもとづく選抜や評価を意味する。昔は生まれによって身分や職業が決まっていたが、能力主義の社会ではそのようなことは認められない。その意味ではすぐれて近代的な考えといえる（「能力・業績主義」が精確だが、煩わしくなるため「能力主義」とする）。

言葉として造形されたのは比較的新しく、イギリスの社会学者マイケル・ヤングの『メリトクラシー』（1958年）によって広まったといわれる。[2]「生まれやコネで評価される社会」よりも「能力や業績で評価される社会」のほうが正義にかなうのはたしかである（ただしヤングは、早くも同書で、能力主義への懸念を表明している）。

能力主義の進展は、社会的流動性の上昇や学歴社会化によって示される。生まれが貧しくても能力があれば恵まれたキャリアへの展望が開かれ、上位の社会階層に移動することができる。わかりやすい資格は学歴であり、そのため業績主義の社会では高い学歴をめぐる競争が激しくなる。AAが論争をよぶのもそのためだ。

先ほどみた、能力主義を評価するタイプの第四段階の規範（④B）を積極的にいうと「公正な能力主義」になる。この立場は、生まれや環境による格差をできるだけ是正しようとするが、試験の評価基準自体を動かすことはしない。それゆえ、第三段階までの措置には賛同するが、AAを認めることはない。第2章でみた平等主義の区別を踏まえるなら、優先主義と運の平等主義のハイブリッドだといえる。

『正義論』では、「公正な能力主義」は「リベラルな平等」とよばれ、次のように定式化されている。

才能と能力が同一水準にありそれらを活用しようとする意欲も同程度にある人びとは、社会システムにおける出発点がどのような境遇にあったとしても、同等の成功の見通しを有するべきなのである。[3]

才能・能力・意欲を厳格に測定するのは実際上は難しいかもしれない。ただし評価基準の理念を示すものとしては、この考えはとても明確であるし、説得力があるようにも思われる。逆格差という理由でAAを批判する人は、実際、公正な能力主義＝リベラルな平等を支持するだろう（ただしロールズは公正な能力主義には批判的である）。

大学入試の例でいえば、公正な能力主義はすべての志願者に対して「機会の平等」を実効的なものにしようとする。つまり、一定の基準を満たせば受験資格を認めるといった形式的なものにとどまらない、生まれや育ちに起因する不平等の是正までをも試みる。これはまさしく「運の平等主義」に親和的な主張といえる。

実効的な機会の平等が確保されたならあとは実力勝負だ。それゆえ、公正な能力主義によるなら、選抜試験において人種やジェンダーを特段考慮する必要はない。試験の結果、合格者が特定層に偏るとしても、運の影響が中立化されたスタートラインが保障されているなら、むしろそれは能力を正確に反映するものと判断すべきなのである。

現実において、公正な能力主義はそこまで実現されていない。だが初等教育や中等教育が充実すれば、生まれ育った環境に恵まれなくとも、資質や意欲に応じて学歴やキャリアを得る者が増加するだろう。また第5章でみるように、政治家になるチャンスは一部の人にしか開かれていないため、この考えが実現されれば政治のあり方は大きく変わるかもしれない。

公正な能力主義は、このようにして平等と一面で結びつき、現実を変革するポテンシャルを秘めている。しかしこの考えに難点はないだろうか。確認しておけば、能力主義がもっとも重視するのは「能力」であって「平等」ではない。あるいはそれは、平等を「能力への対価」という観点から解釈する考えである。以下では、能力主義が抱え込む問題について検討したい。

能力の測定問題とガラスの天井問題

何らかの選抜をする場合、目的に見合った能力をもつとされる候補者が評価順に採用される。能力主義によるならこれは当然のことだ。入学試験の場合は学力が、就職試験の場合は学歴や成績が評価のベースになる。もっとも現実は必ずしもそうなっていない。

2018年、ある医科大学の入試で発覚した事件は注目を集めた。この大学では筆記と面接の試験を実施していたが、面接において女性受験生と多浪生はきわめて低い評点しか与えられていなかった。つまり大学は、10代の男性を優先して採用していたことになる。理由は次のようなものだ。

医大の弁明：一人前の医師を育成するためには、多くの費用と年月の投資が必要である。急患への応対など、体力がないと務まらないところもある。個人差はあるが、一般に男性は女性よりも体力においてすぐれる。さらにこれまでの経験やデータからすると、女性医師は男性医師よりも離職する率が高く期間も長い。以上のことからすると、若い男性受験生を優先して採用することは非合理的なものではない。

大学が評価基準を隠していたことについては、フェアでないという当然の非難がよせられた。ただしこの弁明が発表されると、理解を示す動きも一部でみられた。たしかに女性受験生たちには不利になるが、医師という仕事の特性からして仕方がないのでは、という反応である。

医学部入試については別の問題もある。医師を育てるコストは高いため授業料も高額になる。私立大学の場合、総額で3000万円をこえる大学も少なくない。奨学金や減免制度もあるとはいえ、貧しい生まれの子どもが医師になるのはきわめて難しい。反対に、親が医師であれば子も同じ道を歩める可能性は高くなる。こちらもフェアであるとはいいがたい。

つづいて、以下の仮想事例を考えてみよう。

採用人事：Aは新卒学生の採用を担当している。最終候補として男性Bと女性Cの二人に絞り込み、どちらかに決めるという段階まできた。これまでの試験結果・学歴・成績・課外活動など、査定はほぼ同等だった。あえていえばCのほうが若干よい。だが採用予定の職種にかんして、データによるなら、女性の早期退職可能性は有意に高かった。訓練費用や職場に穴が空くことを懸念して、AはBを採用した

Aは女性を意図的に差別しようとしているわけではない。あくまでも、人事という職務上、会社にとってより利益をもたらすだろう選択をした。そして実際、この決定は会社からすれば合理的なものかもしれない。しかし、Cからすれば受け入れがたいだろうし、何より正義にかなっているかは疑わしい。

このように、統計上のデータを参照した結果、特定属性の人びとが不利を被ることを「統計的差別」とよぶ。より一般的には「直接差別」に対する「間接差別」――中立的な取り

扱いに一見みえて、実際は特定の人びとを不当に扱うこと――の一例である。医大入試の例はまさにそうしたケースだったといえる。

統計的差別や間接差別をめぐる論点にはさまざまなものがあるが、ここでは本章の関心から、公正な能力主義にもとづくAAへの反対論につなげて考えてみたい。この立場は「能力」にこだわるゆえにAAを認めなかった。試験の点数が高かったにもかかわらず、マジョリティであるというだけで優先順位を後回しにされることは、逆格差であって認められるべきではないのだ。

しかし、医学部入試や新卒採用のような事例は、公正な能力主義が抱える問題点を明らかにする。端的にいえば、①入試で測られる「能力」は必ずしも公正なものではないこと、②かりに入試を「公正な能力主義」にできてもそれだけでは平等がもたらされないことである。それぞれを次のように表しておきたい。

①能力の測定問題：試験で測られる能力には、公正さの観点から限界があること
②ガラスの天井問題：学力の能力主義が実現しても、キャリアの不利は解消されないこと

これらは第2章でみた、局所的な平等化――妥当な理由づけを欠く社会上の不公平な仕組

みを放置したうえで、何らかのローカルな部分での平等を達成しようと試みること——とも関連している。

まず①だが、そもそも試験でどこまで能力を測定できるかという問題がある。おそらく完璧な文章が存在しないように、完璧な評価基準や選抜方法といったものも存在しない。ここではとくに「評価の公正さ」に焦点を合わせたい。なぜなら、これはまさしく能力主義が強調するポイントだからだ。つまり、試験の点数を重視するのはそれが客観的で公正な指標だから、という理由づけである。

恵まれた環境にあっても、相応の学力がなければ難関大学や医学部に合格することはできないし、その逆も同様である。しかし、話は単純ではない。昨今の大学入試は非常にテクニカルになっており、中高一貫の進学校（多くは男子校）や進学塾でトレーニングを受けた者が有利になりやすい。さらにそうした学生の大半は高学歴・高所得の保護者をもっている。近年では都会と地方の格差も目立つ。つまり現状では、試験の点数は必ずしも客観的で公正なものとはいえない。統計データにも同様の難点が認められる。

つづいて②に移ろう。「ガラスの天井」とは、女性がキャリア昇進で被る不平等を言い表したものだ。昔は条件や待遇で明確な男女差が設けられていたが、さすがにいまでは状況が変わった。しかしだからといって、女性が男性と完全に同等に扱われるようにはなっていない。既存の慣行の影響はなお強く、能力や実績をもちながら、見合った地位や評価を得られていない女性は少なくない。障壁が一見ないようにみえて、ある地点にくると昇進は頭打ちになる。透明な壁はいまなお存在する。

たとえ学力面での能力主義が実現しても――すぐれた能力や意欲をもつ人が、生まれ・環境・性別・人種などにかかわらず公正に進学できても――それだけでは充分ではない。学歴だけではなく職歴でも、いまなお残る不平等、抑圧や支配が是正される必要がある。

以上の議論が妥当だとすれば、公正な能力主義によるＡＡへの反対論（＝学力評価での逆格差）に一定の根拠があるとしても、その説得力はさほど高くはない。それは他の考慮事項（マイノリティの社会進出、支配の是正）によって覆されうる余地が大いにある。少なくとも、人種やジェンダーの不平等が根深いような社会では、ＡＡは一定の合理性をもっている。

能力主義の専制

能力主義に対する以上の反論は、しかし、どちらかといえば実際上のもので原理に根ざしたものではない。能力主義からの再反論として、学歴のみならず職歴においても、能力による評価を徹底する対案を想定することができる。すなわち、①「能力の測定問題」については公正な機会の平等を完全に実現し、②「ガラスの天井問題」についてはキャリアパス上の不平等をなくしつつ、あくまでも能力のみにこだわる立場である。
これを「完全に公正な能力主義」とよぼう。どこまで実行可能かは措くとしても、ひとつの理念としては明確だ。だが私の考えでは、やはり難点がある。以下では、マイケル・サンデル『能力の専制』(邦題『実力も運のうち：能力主義は正義か？』)を手がかりにして、ひきつづき能力主義について考えてゆきたい。本書の帯には、サンデルの写真とともにキャッチーな問いかけが記されている。「〈努力と才能で、人は誰でも成功できる〉この考え方に潜む問題が見抜けますか？」。このコピーも参考にして、以下のように定式化しておこう。

完全に公正な能力主義：人は誰でも、たとえどのような環境に生まれ落ちたとしても、その努力と才能に見合った成功をする見込みを、社会的に保障されるべきである

これは先ほどみた『正義論』での「リベラルな平等」と同内容だといえる。

リベラルな平等：才能と能力が同一水準にありそれらを活用しようとする意欲も同程度にある人びとは、社会システムにおける出発点がどのような境遇にあったとしても、同等の成功の見通しを有するべきなのである

この考えによれば、親ガチャのような問題も次のように解決される。つまり、たとえ親や環境に恵まれなくても、当人がもつ才能と意欲のレベルに応じて成功する見込みを、社会はすべての人びとに対して保障すべきなのだ。

「完全に公正な能力主義」の社会が実現したと仮定してみよう。たとえばこの社会では、貧しい生まれの女性であっても、才能や意欲がすぐれていれば、大企業の社長や総理大臣になることができる。あるいは世界的なアスリートやアーティストとして大成できる。この成功譚《たん》そのものは結構なものかもしれない。しかし、この考えにはやはり問題が潜んでいないだろうか。

図3-2　マイケル・サンデル（1953〜）

原理の側面からいえば、もっとも重要な点は、能力主義のいう公正な社会が「平等な社会」とイコールではないことだ。サンデルはこう指摘する。「まず第一に、能力主義の理想にとって重要なのは〔社会的〕流動性であり、平等ではないことに注意すべきである」「能力主義社会にとって重要なのは、成功のはしごを上る平等な機会を誰もが手にしていることだ。はしごの踏み板の間隔がどれくらいであるべきかについては、何も言わない。能力主義の理想は不平等の解決ではない。不平等の正当化なのだ[4]」。

つまり能力主義は、能力があるにもかかわらず逆境で埋もれている人には福音となるが、能力をもたない人には冷酷なメッセージにすぎない。いわば環境のガチャは是正するが、能力のガチャは不問とするのだ。たとえばかりに、Aが100、Bが60、Cが20の潜在的能力をもっているとしよう。前提からして、能力主義は比率のとおりに分配がなされることを正義と考える。これに対して、三人が等しく60を受け取るならば、総量が同じだとしても不正義となってしまう。

これは単純化したケースだが、「能力」の定義次第ではこうした結果がたやすく導かれる。実際にも、職業や業務による多大な報酬の格差は、それに値《デザーブ》する能力や功績《デザート》への見返りとして正当化されやすい。Aが1万、Bが600、Cが20を受け取るきわめて不平等な社会であっても、能力や功績を正しく反映する（と想定される）限り、正義にかなった社会とされてしまうのだ。

つづいて実際上の問題をみてみよう。いろいろな論点があるが、もっとも問題含みなのは社会を分断化しかねないことである。オバマ元大統領やヒラリー・クリントンのようなリベラル派の政治家は「能力主義による成功のレトリック」に訴えかけてきた。貧しい境遇だったとしても、本人に意欲と能力があれば大学進学をサポートする、といった主張である。

このメッセージにはたしかに妥当な一面もある。能力主義が平等の推進と歩みをそろえることもあるだろう。オバマやヒラリーは、実際、そのようにして道を切り拓《ひら》いてきた。だが先述したように、能力主義は平等と等しくはない。サンデルはいう。彼女らのレトリックは、むしろ能力主義エリートの傲《おご》りと非エリートの屈辱を招いてしまったのだ。

エリートはみずからを成功者と考え、非エリートを見下し、テクノクラシー（専門家支配）を推進する。非エリートはみずからを失敗者と考え、エリートや成功者を憎み、そうした負の感情をポピュリストに利用される。第1章でみたプラトンの政体移行論をどこか彷彿《ほうふつ》とさせるが、いまのアメリカは、あたかもメリットの専制が支配する社会となってしまっている。

サンデルがもちだす改善案のひとつが「くじ引き入試制」である。[5] 通常の入試では点数順に選抜されるが、このアイデアによるなら、テストの点数は「大学の講義についてこられるか」を判定する足切りにのみ用い、あとはくじ引きで決めればよい。そうすることで苛烈な受験戦争や能力主義の専制への是正を期待できる。

サンデルが教えるハーバードでは２０００人の定員に対して4万人以上の志願者がいるが、少なくみても2万人は充分な学力を備えているとされる。ならばそこで足切りを行い、あとはくじ引きにすればよい。さらにその際、ＡＡのような考慮事項を汲むこともできる。たとえば、マイノリティや親が大卒でない志願者には複数の当たりくじを割り当てる、といった工夫である。

キャッチーにすぎると思われるかもしれないが、くじ引き入試制のアイデアはなかなかに興味深い。いわばそれは「運《くじ》をもって運《ガチャ》を制す」試みといえる。ハーバードのような名門校の学生は恵まれた者が多いが、だとすれば選抜の段階でもういちど偶然性を介在させても、それほど不公正とはいえないのではないだろうか。

あるいはこれは、ネーゲルのいう五段階目の規範、つまり「能力と正義の分離」を体現するものとも考えられる。その意味でくじ引き入試制は、異なった手法によるAAの継続とすらいえるかもしれない。

正義と功績をいったん切り離す

くじ引き入試制はこのように興味深い考えである。ただし「能力と正義の分離」はくじに限定されるわけではない。ここでは平等の観点に立って、「能力」への評価を「正義」の側から相対化しようとする別の試みについて検討する。

「能力の測定問題」のところでみたように、能力を正確に測定することは、試験の点数ひとつとっても困難である。ましてや仕事上の業績となると、複雑な条件が絡んでくるため一層難しくなる。とはいえ実際には、何らかのかたちで評価や査定が日々実施されている。それは「功績《デザート》」の観点からなされるのが一般的である。

功績の考え方：行為者Aは、能力や業績Mにもとづいて、便益Bに値《デザーブ》する

この定式からすると、ある人が高い能力や業績を有している場合、それに応じた報酬を受け取ることが正当化される。Mには「貢献」や「努力」を代入することもできる。「より高い（低い）能力・貢献・努力が認められる人は、その分だけ多く（少なく）受け取るべきだ」という主張には相応の説得力があり、いまの市場社会ではしばしば自明視されている。

だが実際のところ、能力・貢献・努力を厳密に測るのは難しい。能力についてはみてきたとおりだが、個人の貢献もまた、当人にとって外的な多くの要素に依存する。たとえ同等の貢献であっても、需要と供給が変動すれば、評価もまた変わる。努力についても、当人の生来的な資質に依存するなど、測定上のさまざまな困難がある。

アメリカの社会学者ジェイク・ローゼンフェルドはより踏み込んだ主張をしている。給与の水準を定めているのは、能力や職務というよりも、権力・慣性・模倣・公平性という四つの制度的な要因であり、功績による分配は神話にすぎない。[6] 少なくとも、いまのアメリカ社

会でみられるような、上位層の所得の急上昇と平均的労働者のそれの停滞という現象は、個人の能力・貢献・努力といった観点からはうまく説明できない。

もちろんある程度までは、功績の考えを有効に当てはめることができる。そう考えないと学校の成績をつけることもできない。だがその場合でも、たとえば期末試験と平常点のどちらを重視するのかによって評価は異なってくる。測定方法から離れた「客観的な能力そのもの」など存在しないのだ。

ここで重要になるのは、功績と制度の関係をどうみるか、という論点である。

功績が制度に先立つ：能力・貢献・努力は、何らかの制度に先立って価値をもつ＝純粋な功績の観念

制度が功績に先立つ：能力・貢献・努力は、何らかの制度下において価値をもつ＝制度づけられた功績の観念

結論からいえば、本書では「制度が功績に先立つ」という立場を支持する。もちろんなかには、あらゆる制度上の取り決めから独立して評価されるような功績も存在する。だがそう

した純粋な功績にかかわる主張は、具体的な相互行為における賞賛や非難といった、ごく限られたものにとどまる。

実際にも、大半の場合、功績は特定の制度のもとで用いられている。ある学生が85点をとり、それゆえ「優」に値《デザーブ》するといわれるとしよう。これは典型的な功績の言明にみえるかもしれない。しかしこの主張の効力を支えているのは、純粋な功績の観念ではなく、それに先立つ制度上の取り決めの妥当性である。

たとえば「80点以上の者は優とする」という取り決めは妥当だろうが、「成績優秀者は成績不振者を次学期に召使いにできる」といったものは不当である。それゆえ、こうした場面で実際に機能しているのは、功績というよりは、制度の権原（institutional entitlement）もしくは正統な期待（legitimate expectation）という考えなのである。[7]

制度づけられた功績の考えは、答案の出来によって成績が異なるように、仕事内容による賃金格差を正当化できる。ただしその不平等は、さまざまなステークホルダーからみて受容可能なものでなければならない。いまの社会で認められているような巨大な所得格差は、妥当な制度上の取り決めをパスするものとはいいがたい。少なくとも、一方での億万長者と他方でのワーキングプアをうみつづける制度には再考の余地がある。

しばしば功績の観念は、各種の不平等、とりわけ経済上の多大な格差を正当化するために用いられる。だがみてきたように、純粋な功績の観念はほとんど効力をもっていないし、かりに市場メカニズムによって評価に多大な違いが生まれるとしても、市場はあくまでも制度の一部であって全体ではない。[8] 一部の価値を全体の評価に短絡させるのは、典型的な論理の詐術である。

本章の文脈に引きつけていえば、能力が平等を定めるのではなく、平等が能力を位置づけなければならない。功績の考えを全否定することはできないし、その必要もない。だがそれは、いわばインフレ化しやすいため、実際の位置や機能を慎重に見積もる必要がある。さもなければ功績（能力主義）は、必要以上の格差を正当化し、わるい意味でのモラリズムを招きかねない。

機会の平等を見直す――スキャンロンの三段階モデル

以上の議論は、機会の平等を見直すことにもつながる。結果の平等とは異なり、機会の平等は正当化可能な不平等（格差）を認める。私もこの考えには異論がない。だがともすると、功績の観念と同じく、機会の平等はとてもルーズなものとして捉えられ、不当な格差を容認する隠れ蓑《みの》となってしまう。

それゆえ機会の平等には慎重に向き合う必要がある。ここではスキャンロンの『なぜ不平等が問題なのか』を参照してみたい。彼は、機会の平等を、より広範な「不平等への異議に対する三段階の応答」の一部に位置づけることで、その意義と限界を精査するアプローチをとっている。[9]

この「三段階モデル」は以下の条件を課す。

①〈制度の正当化〉職業や役職による不平等は、それが必要だと認められる限りで正当化される　⇕　効果と釣り合わない巨額の報酬を容認する場合、その制度は不正義である

②〈手続きの公正性〉恵まれた職務や立場への申請・選抜は公正な仕方で実施されねばならない　⇕　不適格な志願者を採用した場合、または妥当な理由なしに適格な志願者を落とした場合、その手続きは不公正である

③〈実質的な機会〉志願者には充分な機会が与えられていなければならない　⇕　不合格となった志願者がそうした機会に恵まれていなかった場合、その選抜プロセスは不充分である

①〈制度の正当化〉は、熟練労働への報酬などが該当する。医師や弁護士といった専門性の高い職業、あるいは高度の労務や責任を負う役職は、報酬面で恵まれている。この不平等容認の理由としては、修業年数の長さや業務内容に対する見返り、それから格差原理が述べていたように、それが結果として不遇な人びとの境遇を改善するゆえに正当化される、というものがあげられる。

しかし、巨大企業のCEO（最高経営責任者）のようなきわめて高額の報酬は、〈制度の正当化〉をパスするかは疑わしい。なぜなら、たとえCEOが激務だとしても、一般の労働者と比べものにならない報酬に値するかは必ずしも説得的でないし、またそうした巨大な格差は社会的な抑圧や支配を招くと考えられるからである。「正義を欠くとすれば、王国は組織された盗賊団以外の何物であろうか」（アウグスティヌス）。

②〈手続きの公正性〉は、当該の制度や組織にとって有意な資質・能力をもつ志願者の選抜を要請する。それゆえコネによる採用は退けられる。場合によっては、コネに含まれる人脈などを能力とみなす余地もあるかもしれないが、ここでは「公正性」が問われるため、縁故主義は正当化されない（もしくは、他人から受け継いだコネと本人が築いた人脈を区別する必要がある）。つまり基本的には実力勝負となる。

ただし同時に、スキャンロンは、有意とされる能力が制度に依存しており、かなりの程度、そもそもの制度や組織のあり方に規定されると強調している。たとえば、ある仕事が力作業を必要とするという理由で女性の志願者を落とした場合、もしその仕事が機械により容易に補助可能だとすれば、そのリジェクトは〈手続きの公正性〉をパスしない。この制度依存性ゆえに、能力主義は通例考えられているほどの効力をもたない。

③〈実質的な機会〉は、①と②を補足するものである。すなわち、ある制度の組成と選抜に問題がないとしても、それらはさらに、適格な志願者となるために必要な教育や機会に恵まれない人がいないという条件を満たさねばならない。こうした観点から有効な異議を唱える者がいない場合にはじめて、格差は正当化されるものとなる。

経済的に貧しいゆえに進学を諦めた、というのは当然問題となる。さらに③の要請からすると、リスクやチャンスについて充分に知りえない環境におかれた人が、自身の選択によって害を被ったり成功できなかったとしても、それを自己責任に帰すこと

図3-3　スキャンロン『なぜ不平等が問題なのか』

はできない。つまりこの条件は、選択がそもそも価値を有するための背景や前提に配慮を払うものなのだ。

まとめるなら「三段階モデル」は次のように考える。たんなる機会の平等では充分ではない。それはさらに、①制度や組織そのものが正義にかなっていること、②選抜手続きが公正であること、③選択環境が充分であることを要請する。この三つの条件を素通りしてしまう場合、形式的な機会の平等は、さまざまな支配の温存（わるい奴ほど出世するレース、勝者が決まった出来レース）、さらには過酷なモラリズム（成功できなかったのは努力が足りなかったからで、つまりは自己責任である）を招きよせかねない。

ふたたび医者を例にして考えてみよう。①〈制度の正当化〉からすると、ある程度までの高給は正当化できる。ただしあまりに高額であってはならないし、研修医などがおかれがちな劣悪な労働環境は是正されねばならない。②〈手続きの公正性〉からすると、先にみた医大の弁明――女性は医師に向いていない――は説得力をもたない。OECD加盟国平均で、女医の割合は45%をこえているからだ。日本は2割程度にとどまっているが、誤った制度依存性によって、歪んだ功績の基準が通用していると考えられる。③〈実質的な機会〉からすると、高額な授業料には再考の余地がある。貧しい家庭の出身者や女性を対象としたAAも重要だろう。

機会の平等は一見認められている。誰にでも医師や政治家になれるチャンスはある。しかしそれは、以上の要請をどこまで満たしているだろうか。私は都会と地方の大学でそれぞれ教えた経験があるが、地方の場合、いわゆる入学難易度上の水準よりも相当にできる学生が少なからずいる。あえていえば、女子学生にそうした例が目立つ。このことは、進学のチャンスが、都市と地方、そして男性と女性とで不平等であることと無関係ではないだろう。

まとめ――財産所有のデモクラシーへ

本書前半部の議論を簡単にまとめておく。第1章では、不平等の何がわるいのかについて考察した。不平等に反対する四つの理由（剝奪、スティグマ化、不公平なゲーム、支配）を検討したうえで、それらからもたらされる、窮民問題、寡頭制問題、健康格差問題がいかなるものであるかを確認した。

第2章では、平等とは何であるべきかを考察した。平等を支持する四つの理由とそれにまつわる立場（充分主義、優先主義、運の平等主義、関係の平等主義）を検討したうえで、平等の要点が「支配の不在」にあることを論じた。またこの目的に照らして、不平等を差別・格差・差異の三つに分節化した。

第3章では、平等と能力主義について考察した。進学や給金は能力主義《メリトクラシー》にもとづいて決定されることが多い。しかしこの考えは、一見したところの望ましさや妥当性を必ずしも備えていない。そうではなく、むしろ制度の正しさが功績の観念に先行すべきなのであり、この観点から機会の平等を見直すべきだと論じた。

本書がめざす「平等な社会」という目標は抽象的に思われるかもしれない。だがそれは、けっして実用的な話と無縁なアイデアではない。この理念を具体化した構想として、本書後半では「財産所有のデモクラシー」(property-owning democracy)に照準を合わせる。この用語は、ノーベル賞の受賞者でもある、イギリスの経済学者ジェームズ・エドワード・ミードの『効率性、平等、所有権』(1964年)に由来するものだ。

この考えをさらに発展させたのがロールズである。とりわけ『正義論』を書き直した『公正としての正義 再説』では、ある程度の紙幅をさいて、彼自身の「財産所有のデモクラシー」の構想が論じられている。要点は、支配の不在=関係の平等を目的として、すべての人びとに生活の土台を保障することにある。一例をあげると、「財産所有のデモクラシーは女性の完全な平等をめざすものである[10]」。

財産所有のデモクラシーは近年注目を集めているが、これから本書でも、第4章では経済上の平等、第5章では政治上の平等、第6章では評価上の平等に注目して、いかなる具体的な施策が導かれるかを論じてゆきたい。

　ここでは最後に、言葉にまつわる補足をしておく。財産 property は、ラテン語の proprius「自身の・固有の」に由来する（proper という語だとつながりがより明確になる）。所有する own も、形容詞形だと同じく「自身の・独自の」という意味になる。こうしたニュアンスを汲むと、財産所有のデモクラシーは、「自分のものを自分にとどめておくデモクラシー」「私が私自身でいることのできるデモクラシー」とも翻案できる。

　それゆえ本書では、財産所有のデモクラシーを「〈自分自身〉であるためのデモクラシー」として捉えたい。その目標のひとつは、実際、さまざまな抑圧や支配から人びと（とりわけ不遇な人びと）を保護することにある。この解釈がたんなる言葉遊びでないことについては、以下の各章、とくに第６章で示すことにしたい。

第4章　経済上の平等――社会的なもの

不平等のなかでも経済上の格差は注目を集めてきた。本章では、トマ・ピケティの著作などを手がかりとして、格差が実際に広がっていることを確認したあと、財産所有のデモクラシーの観点からどのような平等をめざすことができるかを考察する。重要なのは、事後の再分配ではなく事前の分配に重点をおいたさまざまな政策や方針を実施することである。

『21世紀の資本』のインパクト――r>g

不平等をめぐってはさまざまな主張がたたかわされてきた。格差は広がっている。いや、広がってなどいない。広がっているようにみえるが、それは高齢者の単身世帯が増えたからであり、実際にはそれほどのものではない。――物事をどこからみるか、現実をどのように切り取るかによって、こうした主張はいずれも真にも偽にもなりうる。だからといって「人

図4-1　トマ・ピケティ（1971〜）

それぞれ」で済ませてよい問題ではもちろんない。

この問題にブレイクスルーをもたらしたのが、ピケティの労作『21世紀の資本』だった。その主張を端的に表すのが「r＞g」である。rは資本収益率、gは経済成長率を指す。彼のいう資本（資産）は広く捉えられたもので、株や債券のみならず不動産も含まれる（ただし人的資本は意識的に除かれている）。また一般的にいって、賃金は経済成長率と連動する。

つまり「資本収益率は経済成長率を上回る」というこの不等式は、資本家は労働者よりも多くの富を得ることができる、しかも時間が経つにつれ格差は一段と広がる、ということを意味する。率直にいえば、まとまった財産を相続した人のほうが、まじめに働いた人よりも一層金持ちになりやすいのだ。ピケティはこの2世紀ほどの莫大なデータを調査し、概してrが4〜5%、gが1〜2%だったことを明らかにしている。

とりわけベル・エポックとよばれる第一次世界大戦前のヨーロッパでの格差は多大だった。だがここで大きな転換が生じる。一方では二度の世界大戦や高額課税によって富裕層の財産が大幅に減少し、他方では福祉国家化や経済成長率の増加――20世紀後半のgは3・5～4%に達した――によって労働者の生活は改善された。それゆえ20世紀は格差の是正がトレンドだった時代でもあった。

しかしそれは「r＞g」自体の弱まりを意味しない。資本主義では格差拡大がデフォルトであり、格差是正はいわば例外的な事態なのだ。「まとめよう。今日のヨーロッパではベル・エポック期に比べ、富の集中が目にみえて減っているという事実の大部分は、偶発的な出来事（1914-45年のショック）と、資本と、資本から所得への課税といった個別制度がもたらした結果だ」[1]。そして実際、1980年代から富裕層への大幅な減税が再度なされ、人口増加や高度経済成長に伴うgの伸びが鈍化したこともあり、21世紀はふたたび格差社会の姿をあらわにしつつある。

『21世紀の資本』はさまざまなテーマを含む本だが、三つの論点について補足しておきたい。第一に、上位10%の富裕層と上位1%の超富裕層が区別されていることである。給与所得者に限定すると、前者は専門職や大企業の正社員などが該当し、いまの日本だと年収800万円くらいの層である。後者は年収1500万以上の層だが、超富裕層には保有資産から多大な収入を得ている者も少なくない。r＞gからもっとも恩恵を受けるのはこの層である。

不平等を示す指標としてはジニ係数がよく用いられる。資産や所得がどれほど平等に分布しているかを表すもので、全員が等分にもつ状態を0、ただ一人が富を独占する状態を1とするものだ。0・3を下回れば平等な社会とされるが、逆に0・4を上回ると社会騒乱のリスクが増加する(いまの日本は当初所得で0・57、再分配所得で0・38ほどであり、なかなかに不平等な社会になっている)。ただし、ジニ係数は格差の度合いを大まかに示すのにすぐれているが、上位層と最上位層の区別、労働と資本の違いなどはうまく捉えることができない[2]。ピケティの功績のひとつは上位1%(より精確にいえば0・1%以下)の超富裕層に注目したことである。

第二に、ピケティは格差是正の具体案として、一国内での累進所得税の見直しとグローバル累進資本税の導入を提唱している。まず国内の場合についていえば、今日の超富裕層への所得税は低水準になっている。だがこれは必然的なものではない。「1932-80年の約半世紀にわたり、米国連邦所得税の最高税率は平均81%だった」[3]。1980年代から英米では最高所得税率が大幅に下げられるが、そのことによって両国が他国よりもすぐれた経済パフォーマンスを発揮した証拠は認められない。確実に起こったのは巨大企業の重役給与の大幅な上昇である。CEOたちが巨大な報酬を得ていること、最低限の技能や賃金に甘んじている労働者がいること。これらはいずれも税制の歪みに起因するものであり、ピケティによれば、是正には超富裕層への80%以上の最高税率がふたたび必要とされる。

また今日では、グローバル化した世襲資本主義という、国民国家レベルでは対処できない新たな問題が出現している。これについては「資本に対する世界的な累進課税」という対案がある。ただしそのためには、国際金融の透明性と実行力あるガバナンスが必要とされるため、いまは理論上のものにとどまっている。だがそれは、まったくの夢物語ではない。現時点でも膨大な銀行データが共有されているし、ヨーロッパ諸国は単一通貨をめぐって団結できている。少なくともこの課税は技術的には不可能ではない。必要なのは政治的な意思と取り組みである。

さらにこうしたアイデアは、実現への距離が隔たっている場合にもなお固有の意義をもつ。でもこの発想が空想にすぎなくても、いくつかの理由から役に立つものではある。まず、この理想に近いものすら当分の間は実施できないにしても、有益な参照点として使える。これを基準にして他の提案を評価するわけだ。

税金というのが常に、単なる税金以上のものだということを理解するのは重要だ。税金はまた、規範や分類を定めて、経済活動に対する法的枠組みを課す手段なのだ。[4]

ここには経済学者ではなく政治哲学者としてのピケティが顔をのぞかせている。正義にかなった税金のあり方については、本章の最後であらためて考察したい。

第三に、$r>g$は「過去が未来を蝕む」ことを含意する。この不等式について重要な点は、時代をこえて累積していくことである。つまり資本家と労働者の格差は、あたかも複利の貯金（あるいは借金！）のように膨らんでいくのだ。

> 資本収益率が経済成長率よりも大幅かつ永続的に高いなら、（過去に蓄積された財産の）相続が（現時点で蓄積された富である）貯蓄よりも優位を占めるのはほぼ避けがたい。純粋な理屈のうえではそうはならないこともありうるが、この方向へと後押しする力はとても強力だ。$r>g$という不等式はある意味で、過去が未来を蝕む傾向を持つということだ。[5]

各種の自由化はしばしば「既得権益の打破」のスローガンの名の下に実施されてきた。だがピケティが正しいとしたら、現在のような状況では、制約なき自由化こそ「既得権益の温存」にほかならない。資本家や事業家はますます不労所得をえるようになり、非熟練労働者は厳しい条件での生活を強いられる。さらにこの支配関係は子孫へと移転する。これは第1

章でみた不平等に反対するさまざまな理由を補強するものといえる。巨大な格差は、現在の恵まれない人びとを苦しめるのみならず、未来の選択肢や可能性をも蝕んでしまうのである。

『資本とイデオロギー』——格差はつくられたものである

続編にあたる『資本とイデオロギー』で、ピケティはより踏み込んだ主張を展開している。「格差は経済的なものでもなければ技術的なものでもない。イデオロギー的で政治的なものだ。これはまちがいなく、本書で採用した歴史的アプローチから生じる、最も衝撃的な結論だ[6]」。

イデオロギーとは、人びとに特定の価値観を抱かせる、思想・観念の体系のことである。とりわけ、自明なものとして受け入れられているが、実はそうではない（＝特殊で偏っている）考えのことを指す。それはときとして非常に強い影響力をおよぼす。たとえば能力主義は現代のイデオロギーといえるかもしれない。

ところで、20世紀最大の経済学者といえばケインズだが、彼はきわめて多才で、卓越した観察眼の持ち主でもあった。ケインズによるユーモアと皮肉がまじった以下の文章は、イデオロギーのもつ力と怖さをよく伝えてくれる。

経済学者や政治哲学者の理念は、それが正しい場合でも間違っている場合でも、ふつう考えられているよりはるかに強い力をもっている。実のところ、世界はそれらの理念によって支配されていると言ってもいい。自分では知的な影響からまったく無縁であると信じ込んでいる実務家たちも、すでにこの世を去った経済学者の誰かの奴隷であるのがつねである。権力の座にあって天の声を聞くと自称する狂人も、実は数年前の三文学者が書いたものからその狂気を引き出しているにすぎない。[7]

私たちもまた、似たような思い込みになお囚われているのではないか。つまり一見自明なようでいて、実は特殊で偏っている考えに深く浸っているのではないか。まさにピケティは、所有権(についての特定の考え)がそうしたイデオロギーであると断じる。現在自明なものとされている――多大な格差を正当化する――所有権のあり方は、政治によって公認されてきた。いいかえれば不平等は政治的につくられたものなのである。

多くの社会のエリートたちが、あらゆる時代や地域で、格差を「自然なもの」にしたがったのは、特に驚くことでもない。彼らは既存の社会的な格差が、貧困者だけではなく社会全体にとっても有益なのだと論じ、既存の秩序を変えようとするあらゆる試みは、大きな痛みを引き起こすと言う。[8]

ピケティは、ふたたび膨大なデータにもとづいて、こうした主張を裏づけている。さらにこの大著では、さまざまな時代や社会の人びとが、目の前にある歴然とした不平等を、手持ちの言葉や考えを用いて正当化してきた様子も描かれている。

ただしそのなかには、社会が別様にありうることを示唆するものもある。ピケティもまた、出来のよしあしはあるものの、イデオロギーのない社会は存在しないという。少なくとも、政治によってつくられたものは、政治によってつくり直すことができる。私たちは平等についての新しいナラティブ（物語）を紡ぐことができる。

アンダークラスの出現

ピケティの分析は世界各国を対象とするものだったが、日本に目を転じてみよう。かつて「一億総中流」と謳《うた》われた日本社会だったが、2000年前後からそれに異議を唱える研究も出はじめ、その妥当性をめぐっては「中流崩壊論争」が起こった。[9]

ゼロ年代前半には、小泉政権下で構造改革という名の規制緩和が推進され、格差是正は主要争点にはならなかった。だが後半になると「格差社会」という用語が定着する。2008

年には、アメリカに起因する世界同時経済危機（リーマン・ショック）の影響が日本にもおよぶ。ダメージは非正規雇用の労働者を直撃し、少なからぬ人が失職した。同年末に設置された「年越し派遣村」は注目を集めた。

いまでは格差社会の進展は否定すべくもない。２０１０年代にはアベノミクスによって一部の経済指標や株価は改善したものの、その果実や恩恵を受けたのは恵まれた層であった。

ｒ＞ｇは21世紀の日本で一層妥当するようになっているようにも思われる。

社会学者の橋本健二によれば、戦後日本の経済的繁栄の象徴ともされる１９８０年代こそ、実は格差拡大が始まった時代でもあった。[10] この時期から社会的流動性が失われはじめ、さらにバブル崩壊後には就職氷河期世代――１９９３年から２００５年に新卒社会人だった世代――が誕生する。安定した職を得ることはやさしくなかった。

２００５年に大学を卒業した私は、氷河期がまさに一段落した世代にあたる。出身学部は就職に強いところだったので、同期の友人は苦労しつつも結構な就職先から内定を勝ち取っていた。就活をほとんどせずに私は院進したが、翌年の２００６年、留学や留年、就職浪人のため一年遅れでのぞんだ友人たちが、名だたる就職先からそろって複数の内定をもらっていたことが記憶に残っている。２００６年から08年までは、実際、かなりの売り手市場だった。

私の前後の世代はわずかな巡り合わせの違いで明暗が分かれた者が少なくない。日本社会の雇用慣行からして、新卒時の就職状況が人生の見通しを左右する程度は大きい。氷河期世代には不利益を正面から被った人が多く、ゆえにこの世代はロストジェネレーション（失われた世代）ともいわれる。

２０１０年代になると、氷河期世代が中年をむかえるようになる。安定した仕事に就けなかった者は「アンダークラス」を形成する。これは下層階級《ロウワー・クラス》＝労働者階級のことではない。階級構造の下《アンダー》に位置するという意味で「階級以下」の存在なのだ（ただし「階級」の定義によっては、下層階級とされることもある）。アンダークラスの平均年収は２００万を下回り、貧困率は4割近くにものぼり、９００万人以上がいると推定されている。[11]

氷河期世代は、団塊ジュニア・ポスト団塊ジュニア世代と重なっており、人口の多い世代でもあった。しかしアンダークラスになると未婚率が跳ねあがる。低収入のために、結婚や子どもをもうけるという選択肢は現実的なものにならない。このことが少子化問題の一因となったのは疑いえない。

わずかな賃金でその日暮らしを送る人たち。これは第1章でみた「窮民問題」を想起させる。怒りや憎しみを社会にぶつける者もいるだろう。もちろんそうした感情には一面の真理が含まれており、社会を変える力や理由に昇華することもできる。しかしそれらがむきだしの暴力のかたちをとる場合、社会は大きな混乱に見舞われるだろう。

財産所有のデモクラシー①——社会的なもの

①剝奪・②スティグマ化・③不公平なゲーム・④支配。不平等に反対する四つの理由のいずれからしても、現状は深刻な事態といえる。ここからは財産所有のデモクラシーが、これらの問題、とくに支配にどのようにして対処すべきかを論じてゆきたい。経済的な不平等についていえば、中心的なアイデアはr＞gにどう対処するか、ということになる。ロールズは次のように明言している。

財産所有のデモクラシーの背景的諸制度は、富と資本の所有を分散させ、そうすることで、社会の一部の少数者が経済を支配したり、また間接的に政治生活までも支配してしまうのを防ぐ働きをする。対照的に、福祉国家型資本主義は、小さな階層が生産手段をほぼ独占するのを許容する。[12]

ピケティもまた、インタビューなどでは財産所有のデモクラシーに好意的に反応しているし、政治哲学上の立場はロールズに近い。[13] 1971年生まれの彼は、日本なら氷河期世代のフロントランナーにあたるが、18歳のときベルリンの壁崩壊を目撃している。冷戦の終わりと資本主義の勝利を象徴するこの出来事は世界的なインパクトを与えた。そのこともあってか、マルクスの『資本論』を連想させる本を書いたにもかかわらず、共産主義についてピケティは「魅力を感じたことは一度もない」とすこぶるつれない。彼は市場メカニズムを否認するような立場には懐疑的である。

だがこのことは、資本主義の礼賛を意味しない。近年の著作ではみずからの立場を「参加型の社会主義」とすらよんでいる。この構想は財産所有のデモクラシーと重なるところも多い。「あれから30年経った2020年、ハイパー資本主義はあまりにも行きすぎてしまった。いまや私たちは、資本主義を超える新しい体制、すなわち、参加型かつ分散型、連邦主義的かつ民主主義的で、環境にやさしく、多民族共生かつ男女同権といった新しい形の社会主義について考える必要がある[14]」。

とはいえ、おそらくピケティ自身も意識しているように、いまや「社会主義」は反時代的な響きをもつ。平成生まれの読者にとっては最初から死語であるかもしれない。そのため「社会的なもの」について補足しておきたい[15]。社会という言葉の意味を訊かれたら、まずは「多数の人びとが集まって生活が営まれている様子」を思い浮かべるはずだ。これはもちろん正しい。ただしこれに加えて、社会という言葉には「平等」「福祉」のニュアンスも含まれている。

フランスやドイツの憲法には「社会的な国家」の理念がかかげられているが、これは福祉国家、つまりすべての人びとが等しく福祉サービスを受給できる国家を意味する。「社会福祉」や「ソーシャル・ワーク」といわれるときの「社会的なもの」も、平等のニュアンスを表すものといえる。これは優先主義――恵まれない人を優先的に配慮すること――という意味での平等に近い。

財産所有のデモクラシーは「社会的《ソーシャル》なもの」の必要性を認め、不平等への対処を試みるものだ。それはかつての社会主義とは異なるものの、その精神を何らかの仕方で受け継ぐ。あるいはピケティの表現にしたがうなら、新たな社会主義を模索するものである。

細かくいえば、ロールズは「財産所有のデモクラシー」と「リベラルな社会主義」を区別し、両者がともに正義にかなったレジームでありうるとしている。どちらがより妥当かは社会がおかれた文脈による。いずれにせよ、デモクラシーが安定したものであるためには、それはたんにリベラルなだけではなく、ソーシャルな要素をも含む必要がある。以下では、参加型の社会主義（リベラルな社会主義）も意識しながら議論をすすめてゆきたい。

日本型福祉社会の問題

ところで先ほど、ロールズを引用した部分で、「財産所有のデモクラシー」と「福祉国家型資本主義」が対比されていたが、後者について補足しておきたい。確認しておくと、このタイプの福祉国家は、貧困や格差の問題には注意を払うものの、「小さな階層が生産手段をほぼ独占するのを許容する」。つまり福祉国家型資本主義は、社会構造上の不平等を正すことなしに、いわば事後的・対症的な対応に終始する。

福祉国家型資本主義においては、その目標は、何人も、基本的ニーズが充足されるほどほどの最低限度の生活水準を下回るべきではなく、誰もが、例えば失業補償や医療扶助といった、不慮の事故や不運に対する一定の保護を受けるべきだということである。……しかし、背景をなす〔諸制度の〕正義が欠けており、所得や富における不平等があると、その構成員の多くが慢性的に福祉に依存するような、挫折し意気消沈したアンダークラスが育つかもしれない。[16]

これはまさに、アンダークラスの描写も含め、いまの日本社会を彷彿とさせる。格差が深刻だとはいえ、生活保護制度などがあり、公式上は一定の生活水準が保障されてはいる。しかしひとたびアンダークラスに陥るとそこから抜け出すのは難しい。さらにそうした貧困は連鎖しやすく、もてる者・もたざる者の不平等（支配）はますます再生産されていく。

問題なのは、このことがいまに始まったわけではなく、むしろ従来の福祉政策に通底していたことである。つまり一億総中流が実感されていた、ある意味で幸福な時代でさえ、実際は「平等な社会」とはいいがたいものであった。一定の生活水準が保障されていたとしても、各種の支配や抑圧は放置されていた。それゆえ昭和後期の社会は、ノスタルジーの対象ではあっても、ふたたび戻るべきところとまではいえない。

日本型福祉国家の特徴は以下のとおりである。核家族が基本的なユニットをなし、夫はフルタイム雇用で働き、妻や子どもはその扶養に入る。政府は公共事業や産業政策をつうじて成人男性の正規雇用を安定させるものの、反面、誰であっても受けることのできるユニバーサルな福祉サービスはさほど厚くない。ゆえにそれは「男性稼ぎ主モデル」ともよばれる。

このレジームは短期的・局所的には大いに成功をおさめた。しかし代償はけっして小さくなかった。国民年金保険の第三号被保険者のことを考えてみよう。これは稼ぎ主に扶養される者、たとえば正社員の夫に対する妻や子が該当する。この場合、被保険者は自分で保険料を払わなくともよくなる。

扶養の身分であるためには一定の条件がある。よく知られた話だが、年収が130万をこえてはならない。それ以上稼ぐと自活することが求められ、自分で社会保険料を納める必要が出てくるからだ。つまり一定以上働くと損をする仕組みになっている。これは被扶養者（典型的には主婦）が働くことに対して、負のインセンティブ（誘因）として機能する。

たしかにこの制度は、特定の状況下——安定した経済成長や終身雇用が想定できる、大多数が結婚して子どもをもつ、社会保障の負担がさほどではない——には適合していたのかもしれない。だがいまやそうした条件は成立していない。さらにいえば、男性稼ぎ主だけを優遇するような仕組みは、そもそも望ましい社会にふさわしいものだろうか。

今日では女性の社会進出が課題とされているが、それを阻んできた一因がこうした仕組みにあったことはまちがいない。かつての日本型福祉国家の成功は、いわば未来の可能性を収奪することで成り立つ繁栄だったのだ。「局所的な平等化」は一時しのぎにすぎず、結局は支配を永続させる。特定属性の人びとだけを稼ぎ主に位置づける考え自体が問い直されるべきだろう。

それでは、福祉国家型資本主義ではなく財産所有のデモクラシーをめざすとすれば、どのような仕組みや政策を考えることができるだろうか。以下では「事前分配・当初分配」「人的資本のストック」「職場環境の正義」「ベーシック・インカム」「タックス・ジャスティス」といった具体的な話に焦点を合わせる。これらが目的とするのは、経済上での自律——経済権力に抑圧されることなく、一人ひとりがみずからの人生を歩むのが可能となっていること

――である。

以下の議論は、ロールズとピケティ、そしてイギリスの経済学者ダニエル・チャンドラーの『自由と平等』に多くを負っている。[17] アマルティア・センの教えを受けた気鋭の研究者である彼は、ロールズの『正義論』を導きにして、公正な社会がいかにあるべきかを縦横に論じている。

事前分配・当初分配

最初に、「事前分配・当初分配」の重要性について論じたい。[18] 財産所有のデモクラシーの目的は、一部の階層や集団だけに経済的な富や権力が偏るのを防ぐことにあった。「いわば各期の終わりに、さほどもたざる人びとに所得を再分配することによってではなく、むしろ、各期の始まりに、生産資源と人的資本（すなわち、教育と訓練された技能）の所有が広範囲にゆきわたることを確実にすることによって、しかも、これらすべてを公正な機会均等を背景にして確保すること」をめざす。[19] つまり、そもそもアンダークラスをつくらないことに力点をおくのである（実際に生じた場合は、もちろん優先して配慮せねばならないとしても）。

それゆえ、財産所有のデモクラシーは「適正な程度の社会的・経済的平等を足場にして、自分自身のことは自分で何とかできる立場にすべての市民をおく」ことをめざす。[20] たとえていえば、病気が重くなってから治療するのではなく、病気自体にならないように、あるいは初期の段階で適切な医療を受けられるようにするのである。

これは「自助」をめざす立場ともいえるが、適切な公助・共助とセットになったものであることはいうまでもない。むしろその主眼は、自助や共助を可能にする「公助」のあり方におかれている。この主張にはさほど異論はないだろう。とはいえ、考えてゆくとさまざまな疑問点が出てくる。とりわけ「各期の終わり」ではなく「各期の始まり」とはいかなる意味だろうか。事後の再分配ではなく事前の分配が重要だとしても、具体的にはどのようなものを要請するのだろうか。

図4-2　ダニエル・チャンドラー（1986〜）

まず重要となるのは「課税前所得の平等」である。チャンドラーは次の例をあげている。下位50％の課税前所得の平均年収は、アメリカで2万1000ドル、デンマークで2万9000ドルである。同様にして、上位10％のそれは、アメリカで35万3000ドル、デンマークで23万7000ドルとなる。つまりデンマークのほうが当初の所得格差が小さい。同レベルの許容可能な格差に縮めようとするなら、アメリカはデンマークよりも多大な再分配を必要とする。

二つの社会が同等の発展レベルにあると仮定すると、アメリカの低所得者がデンマークの低所得者よりも生来的に能力が劣っているとは考えにくい。高所得者についても同様のことがいえる。むしろその格差は、教育の充実度、経済規制への方針、労働者の交渉力といった、制度上の要因によるものと考えられる。つまりアメリカのような格差社会は自明なあり方ではなく、私たちはそれを宿命論的に受け入れなくてもよい。

それゆえ、もちろん再分配も必要だが、先立って当初分配の平等を促す公共政策が重要となる。具体的には、まず労働者（とくに恵まれない立場の人）の賃上げがあげられる。長期のデフレのもと、日本では長らく給与も伸びなかったが、近年ではベースアップの兆しがみられる。都道府県レベルでの最低賃金の格差も改善してきている。これらは基本的によい流れだが、まだ満足なものではない。たんに労働者だけではなく、何らかの理由で働くことができない人への配慮も必要である。

そのなかでも失業者の再就職支援は重要である。有名なのはスウェーデン、フィンランド、デンマークといった国々で、とくにデンマークでは積極的労働市場プログラムにGDPの2％もの予算をさいている。アメリカではGDPの0・11％にとどまっており、これが両国の所得格差の違いの一因となっているのはまちがいない。

このような取り組みは、労働者にとってのみならず、環境汚染産業から持続可能な産業、衰退産業から成長産業への実効的な転換を促す点で、政府にとっても長期的にみてプラスになることが多い。また一般的にいって、事後的な再分配よりも職業訓練のような取り組みを目的とした増税のほうが世論の支持を得られやすい。つまり事前分配は、政治的により大きな実行可能性をもったプログラムといえる。

当初分配をめざす別の主要な取り組みとして「普遍的な相続財産」がある。簡単にいえば、成人になるとき、すべての人が一律のまとまった財産を政府から支給されるというものだ。『コモン・センス』（1776年）で知られる政治哲学者・活動家のトマス・ペインは、「土地をめぐる正義」というパンフレットで、すべての人に21歳の時点で15ポンドが支給されるべきだという先駆的なアイデアを示している。当時の資産家は地主であり、ペインは財源として土地への課税を訴えたのだ。

近年でも、憲法学者のブルース・アッカーマンらが、アメリカの国民全員が成人時に8万ドルの一時金（ステークホルダー・グラント）を受け取れるようにすべきだという提案をしている。[21] ピケティもペインに言及しつつ、相続税と富裕税を財源にすることで、12万ユーロ（平均的な成人資産の60％）に相当する相続財産を捻出する、踏み込んだ提言をしている。[22] ただちに実現はしないとしても、この規模の普遍的な相続財産が保障されるなら、社会における富の分配、ならびにその不均衡がもたらす支配は抜本的に改善されるだろう。
ノルウェー政府年金基金やアラスカ恒久基金のような、市民のために運用され、成功を収めている公的ファンドもある。r＞gに引きつけていえば、これは以下のことを意味する。すなわち、収益が公平に分配されるとすれば、資本分配率（総所得のうち資本所得が占める割合）の上昇自体は、必ずしもすべてが平等主義に反するものとはならない[23]。

人的資本のストック

つづいては「人的資本」について考えてみたい。これは、身につけたスキル、知識、経験などの総称である。人的資本を多くもつ人は、労働市場で高く評価され、人脈や社会関係資本を築きやすい。アクシデントにみまわれても比較的容易に身を立て直すことができる。財産所有のデモクラシーが重視するのは、一時的なフローではなく、恒常的なストックとしての財産である。土地や不動産という（耐久性を備えた）物的資本とならび、人的資本もこちらに該当する。

財産所有のデモクラシーでは……市民たちが平等の足場で充分に協働する社会構成員であるために充分な生産手段を広く市民たちの手に握らせなければならないのであり、少数の人びとだけのものにしてしまってはならない。こうした手段には物的資本とならんで人的資本も含まれる。つまり、知識と諸制度の理解、教育を受けた諸能力、そして訓練された技能である。[24]

それでは、人的資本を高める政策としてどのようなものが考えられるだろうか。最初に断っておくと、ここでは何らかの就労を前提とした話をする。現状の社会では、多くの人びとは少なからぬ時間を仕事に費やすことになるからだ。それゆえ、条件のよい職につくことができるかどうか、望んだ仕方で働けることができるかどうかは、人生の充実度を大きく左右する（就労や仕事を必ずしも前提としない施策については後述する）。

人的資本の養成にとって教育制度が重要であるのはいうまでもない。長期的にみれば、経済上の不平等を改善する最善の方法は教育と技能への投資である。さらにそれは、すべての人が一律・平等な仕方で受給できるユニバーサルなものが望ましい。しかし、第3章での「機会の平等」をめぐる議論でみたように、手続きの公正性や実質的な機会は充分には実現されていない。その結果、たまたま恵まれた人たちが進学や就職でも有利になっている。まずはこの事態の是正が必要だろう。

さらにいえば、高等教育にアクセス可能なのは恵まれた人であることが多いが、格差原理からすれば、恵まれない人の観点からこそ教育制度を考える必要がある。[25] 具体的にいえば、大学などに進学することのない、非熟練労働者の状況を改善することが求められる。少なくとも、早くから仕事の道を志す人にも今以上の支援がなされるべきだろう。大学には助成金が支出されているが、それと同様にして、職業訓練や職業教育にも一層の力を入れることが要求される。このような取り組みは非自発的失業者の減少にもつながり、長期的には政府にとってもメリットが大きい。ドイツのように一定の成果をあげている国も存在する。

かつては働きながらの職業教育《オン・ザ・ジョブ・トレーニング》（ＯＪＴ）も盛んであったが、長引く不況や雇用慣行の変化により下火になってきている。そもそもＯＪＴを行う場合でも、企業が優先するのは高スキルの基幹社員であり、低スキルの労働者は放置されることが多かった。だとすれば、後者を対象とするＯＪＴへの助成金を手厚くすることが考えられる。ほかにも、キャリアの過程で利用可能な「生涯教育ローン」のような公的制度があれば、人的資本のストックに資するだろう。

こうした試みの目的は、現在就いている仕事の待遇をあげるだけではなく、意義のある仕事をつうじて、長期的な安心感や自分に対する自信を深めることにある。逆にいえば、それにアクセスできる機会を欠けば、市民の自尊心《セルフ・リスペクト》は容易に損なわれてしまう。それゆえロールズは、そうした機会が欠けている場合、政府が最後の雇用主（employer of last resort）になる必要があるとすら主張している。[26]

職場環境の正義

働くことがこのように重要だとすれば、労働へのアクセスが保障されているだけではなく、仕事の内容や環境も問題となってくる。つづいては「職場環境の正義」「職場のデモクラシー」をとりあげたい。これもまた、財産所有のデモクラシーとのつながりで近年注目を集めているものである。[27]

ドメスティック・バイオレンス（DV）はすでに広く知られている。これは「家庭内暴力」を意味するが、昔は夫が妻や子に振るう暴力はさして問題視されなかった。公の場で傷つければさすがに問題になるが、家庭内はプライベートな領域とされ、よほどのことでない限り他人は介入すべきではないと考えられていた。もちろんいまは違う。DVを防ぐことは政府の義務である。

しかし、企業や職場の内部では、いまなお似たようなことが繰り返されている。ブラック企業やバイトについての話題はありふれている。法律に触れるほどでなくとも、厳しい労働条件のもとで心身を病む人は少なくない。支配（＝権力の非対称性）が著しくなるとき、ワークプレイス・バイオレンス（WPV）は容易に生じる。

これを防ぐためには、消極的には労働環境の改善、積極的には共同経営の導入が求められる。まず前者についていえば、少なからぬ人びとが過酷な条件下で働かされている。とりわけ立場の弱い労働者はそうであり、賃金が低いのみならず、単調でやりがいがなく、危険な仕事を押しつけられることが多い。

さらに近年では、労働者への監視《サーベイランス》も一層強化されている。倉庫の仕分け人や宅配業者のなかには、最小限度の休憩すらとれないほどの厳しい成果を要求されている者もいる。仕事はたんに辛いというだけではなく、恐怖を感じさせるものとなっている。暴言やいじめ、セクハラなど、不当な扱いを受ける者も多い。

こうした問題が発生し、悪化してしまう一因は、そこから逃れる術《すべ》がないからである。別のオプションを選べるなら誰だってそうするだろう。だがそれは現実的ではないため、理不尽な仕事に耐えることを選び、過酷な現状にわるい意味で適応してしまう。

逆にいえば、先にみた普遍的な相続財産や生涯教育ローン、それからのちに触れるベーシック・インカムのような手厚い保障があれば、労働者は堂々と退場することができる。そうした可能性があることは、ひるがえって、企業側にも仕事の環境や条件を改善するインセンティブを与える。

これはドイツの政治経済学者A・ハーシュマンがいう離脱《イグジット》、すなわち組織のメンバーが脱退することに相当する。[28] さらに彼は、競争や組織を適切なものとするもうひとつの手段として発言《ボイス》、すなわち組織のメンバーや顧客が不満を表明するメカニズムをあげているが、共同経営はこちらにあたる。

労働者の経営参加を重視するという意味での共同経営（co-management）は、第一次大戦後のドイツに始まり、ドイツ語の Mitbestimmung（直訳すると共同決定）に由来するとされる。今日ではほとんどのヨーロッパ諸国で何らかのかたちの共同経営が実施されている。要点は、取締役会の一定議席を労働者から選出することにある。

この点で、株主にきわめて強い力を与えるアメリカ的な企業統治とは対照をなす。もっともすすんだドイツでは、従業員500人以上の企業では3分の1、2000人以上の企業では半分のメンバーを選出する権利が認められている。またこれとは別にワークス・カウンシル（労働者評議会）が設置されており、このルートをつうじて従業員は意見や利益を表明することができる。

問題はうまく機能するかだが、チャンドラーによれば、共同経営は概して良好なパフォーマンスを示している。労働者側の条件が改善するだけではなく、使用者側も情報共有によって恩恵を受けることが多い。そして何より、両者のあいだに育まれる信頼と協力関係が大きな財産となる。ピケティも共同経営に一定の評価を与えている。アメリカやイギリスとは異なり、ドイツや北欧諸国では「目まいのしそうな幹部報酬の高騰が抑制された」[29]。だがこのことによって、生産性や競争力が削がれることはなかった。

共同経営にも短所はある。端的にいえば資金調達に苦労することが多い。普通に考えれば、投資家は強い議決権を備えたタイプの株式を好むはずだからである。ベンチャー企業を立ち上げるような野心家は、みずからのコントロールが利く組織を築きあげようともするだろう。あるいは機動性が弱くなり、新規事業への参入や反応が鈍くなるかもしれない。

とはいえ、これらを補う方策も試みられている。スペインのモンドラゴン協同組合企業は、独自の銀行を設立し、共同経営会社を積極的に支援することに成功している。それから、共同経営は労働者の地位向上をめざすが、このことは解雇の原則的な禁止を意味しない。聖域のようなものをつくってしまえばむしろ支配の温存に手を貸してしまう(かつての労働組合の一部にはそうした負の側面もあった)。もちろんその場合、解雇の理由やプロセスが適切なものであり、失業した者への手厚い所得保障と再教育・就職支援があることが望ましい。つまりそれは、柔軟性《フレキシビリティ》と安全性《セキュリティ》を組み合わせたフレキシキュリティをめざすものだ。

企業統治にかんして、共同経営の利点は過小評価されがちだが、株主モデルの利点は誇張されている。チャンドラーはそう指摘する。投資ではなく投機が常態化したマネーゲームの世界では、実際、大株主ほどキャッチボールのように短期での売り買いを繰り返すことも少なくない。あえて好意的にいえば、日本型経営の良質な部分には共同経営につうじる部分もあるだろう。福祉国家型資本主義に先祖返りすることなく、そうした利点を再編《リストラ》してゆくのは重要な課題である。

ベーシック・インカム

財産所有のデモクラシーの争点のひとつは、ベーシック・インカム（基礎所得）の是非である。以下では、普遍的かつ無条件のユニバーサル・ベーシック・インカム（ＵＢＩ）を検討する。普遍的とは貧富の差に関係なくすべての人を対象とすること、無条件とは就労や求職の必要なしに支払われることを意味する。つまりＵＢＩは、政府がすべての市民に対して、毎月一定額を給付する政策である。

ＵＢＩの利点は次のようなものだ。まず何より、すべての人が一定の生活水準を保障されることにある。さらに、資力調査を必須とする生活保護制度とは異なり、ＵＢＩではスティグマ化や「恥辱の告白」の問題が生じることはない（第２章）。つまりそれは、恵まれない人びとの尊厳や自尊を侵害するものではなくなる。また誰もが等しい条件になるので、調査にかかるコストもほぼゼロになる。

より多くの所得を望む者はその分働くことになるが、過酷な仕事については拒否することができる。それゆえＵＢＩは、離脱《イグジット》のオプションを実効的にすることによって、職場環境をはじめさまざまな支配の力を弱めることが期待される。それは平等を強く推し進めるものとなるだろう。

もちろんＵＢＩについては批判もある。一般的なものとしては、①財政面で実現可能なのか、②公正さに欠けるのではないか、という二つの主要な批判がある。以下では両者を順にみたあと、財産所有のデモクラシーにまつわる論点（意義のある仕事）をとりあげたい。

第一に、財政的な実現可能性についての批判がある。ＵＢＩというには低い一人月８万円でも、日本であれば年間で１００兆円以上もの財源が必要となる。16万円なら２００兆円をこえる。社会保障費をＵＢＩに統合するとしても大幅な増税は避けられないし、難病などの事情を抱える人には追加の給付も必要とされる。イギリスの話だが、チャンドラーは、ＧＤＰ比での国民の税金負担が現在35％（日本もほぼ同じ）ほどであるのを45％以上にする必要があると主張している。[30] これは歴史的にも国際的にも高水準である。

税源の話は後回しにするとして、まずはそれが経済の繁栄を損なうのではないかという懸念をとりあげたい。一般に増税が疎まれ減税が好まれるのはこの理由による。そして実際、アメリカやイギリスをはじめ、この数十年は小さな政府がトレンドであった。減税によって民間の活力が高まり、ひいては誰もが恩恵にあずかることができるとされた。しかし、こうしたトリクルダウンが実現することはなかった。ピケティが繰り返し指摘するように、小さな政府となったアメリカで生じたのは、良好な経済成長というより超富裕層の増加である。

計量経済史家のピーター・リンダートは、莫大なデータの分析をつうじて、社会支出の増加、つまり増税が繁栄の鈍化と体系的に関連していないことを実証している。[31] 増税が労働意欲を損なうとしても、それは一面にすぎず、医療や教育などの改善によって生産性や成長を高めることができる。ＵＢＩもそうした方向性に沿うかたちで実施可能だろう。

第二に、公正さに欠けるという批判がある。ＵＢＩが実現した場合、少なからぬ人が働かなくなってしまい、結果として働く人に大きな負担がかかるのではという懸念である。おなじみアリとキリギリスの話であり、働き者《クレイジー》と怠け者《レイジー》の問題ともいわれる。ＵＢＩがあるならキリギリスの生き方を選ぶというのは、個人的にも気持ちはよくわかる。

だが実際のところ、ＵＢＩが怠け者を増加させる確たる証拠はない。チャンドラーは１９６８年から80年にアメリカとイギリスで行われた「負の所得税」についての実験を参照している。負の所得税とは、一定以下の所得の人に政府が給付金を与える政策で、ＵＢＩに近い性質をもつ。実験の結果、参加者の就労時間の減少はわずかなものにとどまり、しかもその多くは、娯楽というよりも積極的な教育や求職活動にあてられていた。他の「無条件現金給付プログラム」についても同様の傾向がみられるという。

UBIはフリーライドをいたずらに増やすものではない。ほとんどの人はUBI以上を、つまり何らかの仕方で働くことを望んでいる。もちろん実際の帰結を正確に予測することは難しいし、うまくいったとしてもGDPを減少させるかもしれない（これがUBIの真のコストである）。ただし恵まれない者への配慮を優先する格差原理からすれば、そうした人の自律と自尊を強化するのなら、それでもUBIを支持する一定の理由がある。

最後に、労働の位置づけをめぐる問題がある。先述したように、財産所有のデモクラシーの目標として、ロールズはすべての人が意義ある仕事に就けることを主張していた。働くことは人びとの自尊や承認にかかわっているからである。またそれは、納税をつうじて市民としての役割を果たすことにもなる。ゆえに彼は、政府を「最後の雇用主」とすら考えていた。端的にいえば、ロールズはUBIに批判的である。「サーファーたちは何とかして自活しなければならない[32]」。

UBIの代表的論者のフィリップ・ヴァン・パリースは、『すべての人にリアルな自由を』の表紙をサーファーの写真にすることでアンサーとした（邦題は『ベーシック・インカムの哲学』）。可能なかぎりサーフィンに興じるようなライフスタイルも認められるべきなのだ。とはいえ、両者が激しく対立しているわけではない。パリースは「左派ロールズ主義者」を自任してさえいる。つまり二人の相違点は、原理的なものというより社会状況の認識の違いによるところが大きい。

ロールズは意義のある仕事が社会の大部分で成立可能だという想定に立っている。だがこの前提は、いまや全面的には受け入れがたい。パリースの本にも次のようなエピソードが記されている。「私が（1990年4月に）ハーバードでの講義として本書第4章（「資産としてのジョブ」）の前身となるものを発表したあと、ロールズは、もしジョブ〔安定した地位の仕事〕が永続的に不十分にしか存在しないようであれば、彼は私の結論に同意する可能性がある（ことによれば間違いなくそうする？）とコメントした[33]」。

だとすれば、意義のある仕事が重要だと認めるとしても——私もそう考えているが——状況によっては、財産所有のデモクラシーとUBIは矛盾せず、むしろ親和的なものとなるかもしれない。AI化の伸展によっては、労働や余暇の意味について考え直す必要も出てくるだろう。この論点については第6章でも立ち返りたい。

図4-3　フィリップ・ヴァン・パリース（1951〜）

タックス・ジャスティス

財産所有のデモクラシーが要請する仕組みや政策を

これまでいくらかみてきた。当然に出てくる疑問として次のものが考えられる——では財源は？　これは平等をテーマとする本書全体にかかわる問いかけともいえる。いくらアイデアを出しても、結局のところ無い袖《そで》は振れないのだから。

断っておくと、政治哲学の論考であるため、本書は具体的な制度や政策の詳細にまで踏み込むものではない。これらをうまく立案し実行してゆくためには、実証研究の裏づけ、社会状況の勘案、現場で働く人の知見といった、さまざまな事柄との協働が必要とされるからだ。とはいえ、実現可能性や財源の話を素通りすることはわるい意味でのユートピア主義だろう。

そこで最後に税金の話に触れておきたい。規模や金額にもよるが、当初分配にしろUBIにしろ、あるいは両者のハイブリッドにせよ、少なくとも実効的なものであるためには、莫大な財源が必要とされる。それは基本的に租税で賄《まかな》うのが望ましい。国債は平等の観点からしてもいろいろと問題含みである。

ところで租税の正義については、「水平的公平」と「垂直的公平」という考えが一般的に知られている。前者は「経済力が同等の人には等しい負担を求める」、後者は「経済力がより大きい人にはより大きい負担を求める」というものだ。この考えからすると累進課税がベースとなる。

その場合、超富裕層とそれ以外の層の区別、あるいは資本と所得の区別を踏まえる必要がある。本章の最初でも触れたように、ピケティは『21世紀の資本』で、超富裕層にはきわめて高い税率を課すべきだが、中間層にはさほどの増税は必要ないとする。また同じく重要なこととして、資本に対する世界的な累進課税が求められるとも主張していた。[34]『資本とイデオロギー』でも基本的な考えは変わっておらず、資本（資産）へのより踏み込んだ課税が説かれている。[35]現状の固定資産税だけではなく、金融資産税も必要であり、タックスヘイブンなどの税金逃れを封じるべきである。財産は個人ではなく社会が生み出したものなのだから、特定箇所にとどめるのではなく、社会全体でふたたび共有すること——すべての人が一定の財産を保障されること——が正義にかなっている。社会のものは社会に返すべきなのだ。

チャンドラーも資産への課税を強化すべきだと主張している。[36]現状では相続税は死亡時の譲渡にのみ適用されるが、超富裕層になるほどその税率を引き上げ、一定の非課税枠をこえた場合、生前贈与にも課税することが望ましい（日本ではこの点はある程度実現されている）。富のストックへの課税を推し進めるなら、富裕税《ウェルス・タックス》もまた、経済上の支配への有効な対抗策となる。一世よりも二世、二世よりも三世と、代替わりのたびに税率をあげてもよいだろう。

こうしたアイデアに対してはもちろん異論がある。すなわち、富裕層への高額の租税は経済成長を阻害するし、資本の国外逃避や頭脳流出を招くのではないか、という批判である。

だが先述したように、長期的な経済成長を増税が阻害する（減税が促進する）明白なエビデンスはないし、国外逃避についてはそもそもそれが妥当な手段なのかを問いただすことができる。

ここにも「局所的な平等化」の問題がある。富裕層への減税は一時的に景気を回復させるかもしれないし、法人税の引き下げ競争も同様の効果をもたらすかもしれない。だがそれは、結局のところ、将来世代や不遇な人びとに負担を転嫁してしまう。局所的に目にみえるものがすべてではない。

水平的公平と垂直的公平にかんしても似たような問題がある。税金を個人の視点からみる場合、私たちは課税前所得（額面）をベースとして、どれだけ引かれて手取りがどうなるかと考えがちである。しかし、アメリカとデンマークの例が示すように、課税前所得の水準は自明なものではない。ましてや自分の能力や業績をストレートに反映するものでもない。

まずは全体としての制度の公正さを想定したうえで、そこから個別の観点の妥当性をみてゆくこと。こうした原則論を忘れてしまえば、租税をめぐる議論は局所性の罠へとたやすく陥ってしまう。政治理論研究者の伊藤恭彦《やすひこ》は、社会がまずめざすべき目的を、人間の尊厳の維持（尊厳の損傷がミニマムにされていること）と設定し、そこからあるべき「タックス・ジャスティス」を提唱している[37]。これは重要な考えだと思われる。

以上の税の話が、現状では理想論であることを私は否定しない。もっとも20世紀初頭には税金が国民所得に占める割合は概して10％以下であった。当時の通念からすれば今日の福祉社会は想像をこえたものだろう。いまでは平等な国として知られるスウェーデンは、実際、1920年代まではきわめて不平等な社会だった。

最後に、ふたたびケインズの言葉を引いておきたい。「経済学者や政治哲学者の理念は、それが正しい場合でも間違っている場合でも、ふつう考えられているよりはるかに強い力をもっている」。事実に別の事実をぶつけても本質的には何も変わらない。つまるところ、理念によってのみ私たちは事実を変えてゆくことができる。より望ましい平等の方向へと社会を変えてゆくことは、長期的にはけっして不可能なことではない。

第5章　政治上の平等――共和主義

政治上の不平等にもさまざまな課題が認められる。世襲議員の多さ、女性政治家の少なさ、経済力の政治力への転換といった問題である。さらに徒党がのさばると、公共的利益が私的利益にとって代わられ、政治は衰退への道を歩む。財産所有のデモクラシーは共和主義の伝統に倣ってこの問題を防ごうとする。そのためには政党や選挙のあり方を見直し、公共性のインフラを維持することが重要である。

誰が統治するのか――政治家のキャリアパス

誰が統治するのか（who governs?）という問いは、政治学において重要なものである。古来政治家はエリートの仕事であり、基本的には名家の出身者、そして男性だけが従事してきた。ただし19世紀になると、身分制の力が弱体化して社会的流動性が高まったことにより、以前では政治家になれなかった人びとにも門戸が開かれた。明治の大政治家にはそのような者も少なくない。

　政党も当初は名士の集まりとしての性格が強かった（名望家政党）。だが選挙権の拡大に伴い、労働者の支持を受けた組織化された政党も登場する（大衆政党）。さらには女性の政治進出の道も開かれ、政治家として活躍する者もあらわれた。簡単にいえば、この二世紀あまりで政治家のキャリアパスは多様化してきている。

　しかしこれには留保がつく。ひとつは、以下でみてゆくように、多様化自体がそれほどすすんでいないことである。形式的には選挙権が広く開かれたにもかかわらず、実際には名士のような人がなお多く政治家になっている。とりわけ日本では、世襲議員の割合はきわめて多く、対照的に女性議員の割合はきわめて少ない。

　もうひとつは、この数十年ほどで多様化に逆行する、あるトレンドが生じていることである。端的にいえば「政治家の高学歴化」にほかならない。これは日本に限らず諸外国でも認められる現象である。ここではこちらの問題について補足しておきたい。

　もちろんこれには、昔に比べて大学進学者の割合が増えたことが関係している。2023年度の大学進学率は57・7％に達した。基本的には、高等教育による知識や技能を身につけた人が増えることは望ましい。政治家も一種の専門職である以上、高学歴化は避けがたいようにも思われる（これもまた能力主義の帰結である）。

しかし、進学しない人びとが依然として相当数いるにもかかわらず、政治家の大多数が大卒者で占められる社会は、平等の観点からも問題含みではないだろうか。ピケティはまさにそうした批判を提起している。昔のアメリカの民主党やヨーロッパの左派政党は、たたきあげの代議士を擁しており、低所得者・低学歴者からの支持を集めていた。だが１９７０年代頃から議員の高学歴化がすすみ、かつての支持層を失っていった。[1]

労働者の権利や利益を代表すると謳う、能力主義レースの勝者たち。ピケティはそうしたリベラル派の政治家を「バラモン左翼」とよぶ。今日の左派政党は、実際のところ、労働者というよりも教育エリートのための政党と化している。見捨てられたと感じた労働者は、むしろ対立する「商人右翼」を支持するようになるが、こちらも実態はビジネスエリートのための党派である。こうしたねじれや代表制の機能不全は、各国でみられるポピュリズムとも無縁ではないだろう。

日本においても政治家の高学歴化の問題は当てはまる。左派政党においては、労働組合の弱体化などに伴い、かつてはあったキャリアパスが縮小されることで、欧米と同様の現象が生じてきているように思われる。他方で、ポピュリズム的な要素をもつとされる新興政党では、例外的に、必ずしも高学歴ではない議員が存在感をもつことが少なくない。

政党支持の研究が示すように、今日の若年層は、共産党に保守、維新の会に革新のイメージをもつという。[2] これはかつての日本政治のボキャブラリーや相場感からすると正反対に思われるかもしれない。だがそれは、一面での真理をつくものだといえる。

なぜ世襲政治家は多いのか

小泉純一郎　祖父・又次郎：逓信《ていしん》大臣、父・純也：衆議院議員
安倍晋三（第一次）　祖父・寛：衆議院議員、祖父・岸信介：総理大臣
福田康夫　義祖父・櫻内幸雄：大蔵大臣、父・赳夫：総理大臣
麻生太郎　祖父・吉田茂：総理大臣、岳父・鈴木善幸：総理大臣
鳩山由紀夫　祖父・一郎：総理大臣、父・威一郎：外務大臣
菅直人　祖父・實：郡会議員
野田佳彦
安倍晋三（第二次）　父・晋太郎：外務大臣（上掲のつづき）
菅義偉　父・和三郎：町議会議員
岸田文雄　祖父・正記：衆議院議員、父・文武：衆議院議員

石破茂　　祖父・市造：村長、父・二朗：自治大臣

つづけて、世襲政治家の問題について考察したい。選挙権の格差（＝一票の格差）と同様、あるいはそれ以上に問題なのが、被選挙権の格差、すなわち「政治家のなりやすさの格差」である。日本では世襲政治家がきわめて多い。近年の総理大臣についてまとめると右のようになる。

この20年あまりの首相経験者のうち、政治家業と無縁なのは野田だけで、市民派や庶民派のイメージもあった菅《かん》と菅《すが》は身内に政治家がいる地方の名士層出身といえる。そのほかは二親等内に国会議員がいる名門で、実に十人中四人が総理大臣の息子か孫である。男性だけなのはいうまでもない。

世襲政治は一般に認められる現象ではあるが、日本の場合、たんに割合が多いだけでなく、首相や大臣といった要職でも成立しやすい――とりわけ近年はそうである――という特徴が認められる。つまり普通に考えればありそうにないことが起こっている。なぜだろうか。

日本特有の原因のひとつとして、自民党一党優位体制の影響が考えられる。そもそも特定政党が与党でありつづけることは稀《まれ》で、実効的な選挙が行われているとすれば、大抵は10年もすれば政権交代が生じる。だが戦後日本においては、１９５５年に当時の自由党と民主党

が合併してできた自民党が、以後ほぼ一貫して政権を担当してきた。1993年に自民党が最初に下野するまでの38年間を「五五年体制」とよぶ。

五五年体制下で野党第一党だったのは社会党だが、風が吹いた場合でも党勢は自民党に遠くおよばなかった。この体制が「二大政党制」ではなく「一と二分の一政党制」ともよばれる所以《ゆえん》である。もっとも、中選挙区制から小選挙区制に切り替えた1993年の選挙改革は二大政党制を志向するものであり、新たな第一野党となった民主党は勢力を伸ばし、2009年には政権交代を実現した。だがその後、返り咲いた自民党がふたたび与党でありつづけている。

民主党の初代首相となった鳩山も祖父・一郎が総理（自民党初代総裁、五五年体制初の首相）であり、当初は自民党に所属していた。党内で鳩山と近かった小沢一郎も世襲政治家（父・佐重喜《さえき》は大臣経験者）で、田中角栄にかわいがられ、かつては自民党内で屈指の実力者とされていた。このことは自民党と民主党が一面ではさほど隔たっていなかったことを示唆しているかもしれない。

いずれにせよ、有力な政治ポストが世襲政治家に占められやすいのは事実だ。第4章でみたピケティの見解をあらためて確認しておこう。「ほとんど停滞した社会では、過去に蓄積された富が、異様なほどの重要性を確実にもつようになる」「r＞gという不等式はある意味で、過去が未来を蝕む傾向を持つということだ」[3]。当選するためには、地盤＝後援会、看板＝知名度、鞄＝資金力という三つのバンが大事とされるが、これらをまとめて「政治資本」とよべるとしたら、この警告はいまの日本政治にこそ当てはまる。今日では世襲の国会議員の割合は3割弱にもなる。日本はタイやフィリピンに次ぐ、世界に冠たる世襲政治社会なのだ。

この事態は現状維持バイアスをもたらしやすい。同一政党が与党でありつづけるとしたら、世襲政治家は一層の力をもつ。平成時代は五五年体制の亡霊に支配された、と述べれば言いすぎかもしれないが、失われた三〇年の一因をそこにみるのは不当ではない。似たような背景をもつ者ばかりだと視野も狭まるだろう。

贔屓《ひいき》のチームの成績がふるわず、スタッフや選手がコネで起用されているとしたら、ファンからは大いに不満の声があがるにちがいない。だがスポーツと異なり、政治ではそうした異議はそこまで大きくないようだ。

経済力の政治力への転化

特定のグループだけが権力をもつ政治を、アリストテレスは寡頭制《オリガーキー》とよんだ。この政体では、貧しい者が経済的格差に苦しむだけではなく、富める者が一層の政治的権力を握ることになる。つまり経済力が政治力に転化する。これは昔から意識されてきた問題だが、個別のケースを指摘するのは簡単でも、客観的な仕方でその度合いを示すことは難しい。どうしても議論は印象論になりがちであった。

この骨の折れる問題に取り組んだのが、アメリカの政治学者マーティン・ギレンズとベンジャミン・ペイジである。彼らは連邦議会の数多くの政策決定過程を分析し、経済エリートや企業利益を代表するグループの影響力がきわめて大きいこと、そして国民の多数派の意見と隔たっていることを明らかにした[4]。

ピケティが経済面で示した知見を、ギレンズらは政治面で実証してみせたといえる。分析対象は1981年から2002年までの法案であり、アメリカで格差が拡大していった時期とも符合する。経済エリートは減税など自分に好都合な政策を支持し、それが法案として受け入れられ、彼らの経済力はますます増加する。その力はふたたび立法過程に投入され、こうしてひとつの悪循環が成立する。

「経済力の政治力への転化」「経済力と政治力の循環」という問題には、アメリカ特有の事情もある。経済的格差がきわめて大きいことに加えて、あるいはそれ以上に、政治資金規制がきわめて弱いことが問題を深刻にしている。政治献金を制限する仕組みは多くの国で実施されているが、アメリカ最高裁はそうした試みを表現の自由を侵害するものとして却下しつづけてきた。しかしその結果、アメリカの民主政治《デモクラシー》はもはや金権政治《プルトクラシー》になってしまっている。データの制約上、ギレンズらが注目する経済エリートは上位10％の層になっている。このことは、労働所得・資本収入の違いや上位10％・上位１％の区別を重要視するピケティの視角とはいささかのズレがある。もっともギレンズらもこの点には意識的であって、可能であれば上位１％、さらには上位０・１％の経済エリートの政治的影響力を調べることは重要だろうと述べている。ぜひそのような実証研究が出てくることを期待したい。

徒党の発生をいかに防ぐか

ひとたび特定層が政治権力を握ると少数者による支配が再生産される。いまの日本も一種の寡頭制にあるといってよいだろう。世襲政治家の増加はそのことを端的に表している。それでは寡頭制の――特定層による支配の――何が問題なのだろうか。以下では大きく二つの問題を検討したい。

第一は、資質を欠く者が政治家になりやすいという問題である。これを「不適格性の問題」とよびたい。重要な公職につくためにはそれに見合った審査を受ける必要がある。裁判官や官僚の場合、まずは難関の試験をパスしたのち、長年にわたって経験をつみながら昇進する。だが政治家は必ずしもそうしたプロセスを踏む必要はない。とりわけ近親者に有力者がいる場合、資質を欠くような候補者であっても当選しやすい。

たしかにそのような世襲政治家は見受けられる。ただし度をこして不適格であれば落選するだろうし、当選しても頭角をあらわすことはできないだろう。あるいは、恵まれた環境で育ち早くから政治への関心をもつため、世襲政治家のなかにはすぐれた資質や能力を備えている個人もいるかもしれない。

いまの世襲政治家の割合は多大であり、ほかの潜在的な政治的リーダーの出現を阻害しているのは大きな問題である。ただしだからといって、世襲を原則的に禁止せずとも、割合を小さなものにとどめることができれば――諸外国では総じて1割を切っている――不適格性の問題も改善されるだろう。

第二は、特定集団の利益だけが追求されるようになってしまうという問題である。こちらは「徒党の問題」とよびたい。寡頭制において経済的権力を握る者は、みずから政治家になる必要はない。アメリカ大統領となったトランプやイタリア首相となったベルルスコーニの例もあるが、野心的な財界人は政治家や官僚と癒着し、みずからの利害関心を政策プロセスに反映させようと試みる。政官財の「鉄のトライアングル」がこうしてできあがる。

こちらはより深刻な問題だが、これを意識していたのが古代ギリシアの人びとである。一説によれば、当時のギリシアはすでに貨幣経済が浸透しており、ゆえに経済的格差を背景にした徒党の問題が蔓延していた。徒党《ファクション》とは私的利益の追求を目的とする身内集団である。徒党をいかに解体すべきか、というのはギリシア人にとって大きな関心事であった。一方ではさまざまな政治上の仕組みが導入され、他方では喜劇のテーマとして好んでとりあげられた。[5] そのかいもあり古代ギリシアのデモクラシーは一定の耐久性を備えていた。この知的遺産はローマに受け継がれ一層の発展をみる。

いまの社会をみると「徒党の問題」への警戒心は下がっているといわざるをえない。ギレンズらの研究によると、アメリカではまさにそうした問題が発生していた。日本においても同様の事例は認められる。法案や政策をつぶさにみると、公益の偽装のもとに私益が追求されていることは珍しくない。このような構造が放置されるなら、取りまとめ役としての不適格な政治家も跋扈《ばっこ》しやすい。政治腐敗が度をこしてしまえば、社会は必然的に衰退する。

それではいかに対処すべきだろうか。政治哲学の伝統のなかで、この問題をもっともよく考えぬいたのが、ルネサンス期フィレンツェの外交官にして政治哲学者のニコロ・マキアヴェッリである。一般に彼の名は『君主論』によって知られ、マキアヴェリズムといえば「冷徹なリアリズム」を意味する。ただし彼には『ディスコルシ』（『政略論』『リウィウス論』とも訳される）というもうひとつの主著がある。これはまさに、なぜ古代ローマが長きにわたり腐敗を免《まぬが》れ、自由な政体として存続できたのかを考察したものだ。[6]

図5-1　ニコロ・マキアヴェッリ（1469〜1527）

マキアヴェッリもまた、政体が適切に維持されるためには、徒党＝私的な利益集団の発生を防ぐことが重要だと強調する。もちろんこれは簡単な課題ではない。

大多数の人々――生まれながらにヴィルトゥ（徳）という資質をもたない人々――が、どのようにしたらこの資質を首尾よく自らのなかに植えつけることが可能か。どのようにしたら彼らが腐敗するのを防ぐことができるのか。どのようにしたら、政治的偉大さが成就されるほど十分に長い期間にわたって、公共の福祉に対する関心を彼らがもちつづけるようにすることができるのか。『ディスコルシ』の残りすべてがかかわるのは、この問題への解答なのである。[7]

簡単にいえば、一方で市民の政治参加を増やすことで不適格な政治家や野心が跋扈するのを防ぎ、他方で権力を分割し抑制・均衡させることで特定勢力の伸長を挫くことが、基本的な着想となる。このようにして「不適格性の問題」と「徒党の問題」は対処される。

古代ギリシアやローマを範例とし、政治腐敗の問題に向き合おうとする思想の伝統は共和主義《リパブリカニズム》とよばれる。つづいては財産所有のデモクラシーの観点から、いまの社会においてどのような共和主義の政治が求められるのかを考察したい。

財産所有のデモクラシー②——共和主義

一人一票だとしても、人によっては政策プロセスに強い影響力をおよぼすことができる。とりわけ問題となるのは、経済力をもつ個人や企業がそれを政治力にたやすく転化できてしまうケースである。たとえばある実業家は、社会全体にはマイナスだとしても、みずからの業界や会社に利益をもたらすという理由で、特定の政策を推し進めるかもしれない。

このような政治は「利益集団多元主義」とよばれる。こうした手法は複雑化した社会にはどうしてもつきものであるし、適切な規制がなされているなら、私的利益の追求が首尾よく相殺され、社会にプラスになることもあるだろう。しかし、少数による支配が常態になると「徒党の問題」が発生しやすい。そうなると「一人一票」が実効的なものであるかは疑わしくなる。経済的な強者は、いわば別ルートで、多重投票ができるのだから。

これはラディカルな左派が突きつけてきた異議申し立てでもある。ロールズは次のようにまとめている。「この異議はこう続く。市民のさまざまな基本的な権利と自由が実際に平等であるようにみえるかもしれない――誰もが投票権や公職に立候補したり政党政治に携わる権利などをもってはいる――が、背景的制度における社会的・経済的不平等は概してとても大きいため、より大きな富や地位をもつ人々が通常は政治権力を支配し、彼らの利益を増進する立法や社会政策を定めることになる」[8]。

この批判には相応の説得力がある。ラディカルな変革を求める思想家は、さらにすすんで、代議制デモクラシーや市場メカニズムの廃棄を説いてもきた。だがそうした試みは、歴史が教えるように、高い代償を伴うものであった。だとすれば、現行の政治的・経済的な体制を全否定するのではなく、基本的な仕組みは踏まえたうえで弊害を是正する必要がある。

財産所有のデモクラシーがめざす共和主義の政治もそのようなものでなければならない。ここでは「平等な政治的自由が、しかもこうした自由のみがその公正な価値を保証されるべきである」というロールズの提言に注目したい[9]。簡単にいえば、これは「一人一票をはじめとする政治的自由は、たんに形式的ではなく実質的にも平等でなければならない」という要請である。

最初に「自由」と「自由の価値（分量）」の区別について説明しておきたい。ここでいう自由とは基本的人権に相当するものであり、すべての人に等しく保障される。ただしそのなかには、手持ちのリソース次第でそれをどれだけ有効に使えるかが人によって異なってくるものがある。こうしたいわば自由の使い出のことが自由の価値である。

海外旅行を例にして考えてみよう。渡航の自由は基本的権利であり、特段の理由なしにパスポートを発行してもらえないとしたら、それは「自由」そのものの侵害を意味する。他方で、パスポートがあっても誰もが旅行を楽しめるわけではない。そのためには、相応の費用と余暇、あるいは語学力やコネクションが必要だが、こうした「自由の価値」は人によって異なるからだ。

一般的に、自由の価値についてはそこまで厳密な平等は要求されない。もし「海外旅行の自由の価値」の平等を保証しようとすれば、資産や余暇の強制的な再分配が必要となる。そのためのコストは莫大になるし、他の基本的自由との衝突も避けられない。さらにいえば、語学力を等しくすることは技術的に不可能だろう。これらはまったく現実的でないし、そもそもそこまでして、海外旅行を楽しめる度合いを平等にすべき説得的な理由がない。

対照的に、ロールズは政治的自由の価値（平等）をきわめて重要なものと考えている。政治参加への平等なチャンスは自由のなかでも特別な地位をもつ。それはできるかぎり実質的な、そして公正な価値《フェア・バリュー》を制度上で保障されなければならない。たんに選挙権・被選挙権があるだけでは充分でない。特定の人びとの声だけが響くような政治はどこか歪んでいる。そのためには他の自由が、とくに経済的自由が適切に制限される必要がある。

この点で、ロールズの思想はリベラリズムに通例は分類されるが、共和主義的な性格もあわせもつ。「〈公正としての正義〉は、古典的共和主義とは完全に両立する」[10]。この性格は財産所有のデモクラシーともつながりをもつ。[11]とりわけ次の箇所には強く認められる。

政治的正義と公共善への関心によって相当程度に動機づけられた活発で事情につうじた市民の総体による民主政治への幅広い参加がもし存在しなければ、最善に設計された政治制度ですら、ついには、他のほとんどすべてのことを度外視して、権力や軍事的栄光を渇望したり狭隘な階級的利益や経済的利益を追い求めたりする人びとの手に落ちてしまうだろう。自由で平等な市民でありつづけたければ、私たちは私的生活に総退却するわけにはいかないのである。[12]

この文章はマキアヴェッリの著作にあったとしてもおかしくはない。実際マキアヴェッリは、野心にかられた人物が公益ではなく私益によって行動するようになり――彼がとくに憂慮するのは指揮権の延長に伴う軍事力の徒党化である――ローマはいわば内側から隷属化されたと考えた。[13]ロールズとマキアヴェッリはさまざまな面で対照的な思想家なのだが、共和主義の政治への志向においては重なり合う部分をもっているのである。

政治資金規制とメディア宣伝

財産所有のデモクラシーは、政治腐敗を挫き、自由な政体が長期的にも安定することを求める。この共和主義の考えからすると、先述した次の但書《ただしがき》は外せないものとなる。

> 財産所有のデモクラシーの共和主義的但書：平等な政治的自由が、しかもこうした自由のみがその公正な価値《フェア・バリュー》を保証されるべきである

これは以下のことを意味する。すなわち、すべての人に政治的な自由や権利を平等に認めたうえで、①社会的・経済的不平等を一定以内にとどめる、②そして社会的・経済的不平等が政治的不平等に転換されるのを防ぐ、ということである。①については第4章で論じたので、以下では②についてみてゆきたい。具体的には「政治資金規制」と「メディア宣伝」にまつわる問題をとりあげる。

政治資金規制は多くの社会で必要性が認められ実施されている。ただしアメリカのように、恵まれた人の表現の自由を引き下げてしまうという理由で、選挙献金の制限に難色を示す国もある（これは一種の水準低下批判といえる）。貧しい人も金儲けをする機会があるはずなの

だから、さまざまな手段で政治的資源を増やす努力をすべきなのだ。そうした自由競争があったほうが、結果として社会も活力に溢れたものになるのではないか。このような意見は政治的平等についての（閾値が低い）充分主義といえる。

だがこの考えは、現代社会に認められる経済上の不平等からすると説得力に欠ける。それは共和主義が懸念する「徒党の問題」に早晩みまわれることになるだろう。いまのアメリカ政治はまさにそうした状態に陥ってしまっている。

メディア環境を考えると「経済的影響力の政治的影響力への転換」という問題はさらに深刻なものとなる。政治資金規制が弱い場合、富裕な政党や候補者は、利用者の多いコンテンツに多数の広告を出すことができる。他の者が地道な活動をしたところで効果はしれている。あるいは、知名度が高くメディア映えする人は、同じく過度の政治的影響力を手にいれることができる。イメージ戦略は政治家の必修科目ともいえるが、その効果が過度にカウントされるゲームが成立してしまえば、みながこぞってポピュリストになりかねない。

つまり、ある候補者の宣伝の効果は、全体の宣伝総量に相関して決まる。大富豪なら大量の広告を打つことによって、著名人ならメディア露出を繰り返すことによって、競争相手の声を締め出すことができる。空気をどれほど吹き込んでも割れない風船をイメージしてほしい。狭い部屋のような場所では、恵まれた候補者は風船（宣伝）に大量の空気（金銭・露出）

を投入することによって、他の候補者の風船を圧倒して小さなものにすることができる。このように「財の相対的所有量が、その絶対的価値に影響をもたらす財」を位置財（positional goods）とよぶ[14]。

それゆえこうした状況では、選挙活動に一定の制限を設けることは不適切ではなくなる（一般化していえば、位置財が関連する論点ではある程度の引き下げ《レベリングダウン》型の平等化が有効なケースが出てくる）。むしろそうした制約は「共和主義的但書」のために必須とすらいえる。さもなければ、形式的な政治的自由が実質的なものまでにはならないからだ。

> そうした目的に向けた改革には、選挙の公的助成やキャンペーンへの寄付の制限、公共のメディアへのより対等なアクセスの確保、それにまた、言論の自由や報道の自由への一定の規制（だが言論内容に影響を与える制限ではない）といったものが含まれることになりそうである。……こうした調整は言論の自由や報道の自由を侵害するとの理由だけで、これを拒むことはできない[15]。

財産所有のデモクラシーは、このようにして、社会的・経済的不平等を一定以内にとどめるにとどまらず、そうした不平等が政治的不平等に転換されるのを防ごうとするのである。

こうした調整はまた、たんに量的なものではなく、質的なものにも注意を払うべきだろう。もちろん各人には思想の自由があり、独自の考えを表現してもよい。複数政党制のもとでは、政党《パーティ》とはそもそも、何らかの部分《パート》の観点から全体の利益を志向するものでもある。しかし、適切な裏づけを欠く情報や意図的に聴衆を欺こうとする言説（ポストトゥルース、フェイクニュース）の氾濫は、公共的議論のレベルをいたずらに劣化させるだけである。

インターネット普及後のメディア環境では、情報の質や正確さよりも、まずは人びとの関心を引くことが重要となるが、このアテンション・エコノミー（関心の経済）では、そのために煽動《せんどう》と炎上がそこかしこで繰り返されるようになる。第一次トランプ政権発足当時の首席戦略官スティーブン・バノンは、情報ゾーンをクソネタで溢れさせる（flooding with shit）という不適切な表現で、この策略をこのうえなく的確に捉え、さらには実行に移した[16]。この混乱で得をするのは、特定の徒党＝私的な利益集団――とりわけ縁故のある既得権益層や莫大な資金をもつビジネスの帝王――であるだろう。そこでは平等な政治的自由の公正な価値は望むべくもない。それはまさに共和主義の対極にある政治である。

パブリック・シングス――公共性のインフラ

つづけて、政治的自由の公正な価値の確保にも必要とされる、公共性のインフラについて考察したい。共和主義が何より重視する「公共の利益・関心事」はラテン語では res publica といわれる。レス・プブリカとは、特殊私的ではない一般的なもの、つまり一部ではなく全体の利益や関心事にかかわるものだ。

私益のみを追求する徒党が跋扈すると、公益はたちまち解体される。そのとき君主制は僭主制に、貴族制は寡頭制に、民主制は衆愚制に転化してしまう。そうした劣化を防ぐために、共和主義は、複数の政体の特徴をミックスするなどの手立てを講じる（混合政体論）。そうすることによって、時代をこえたレス・プブリカの長期的な安定性を保とうとするのである。

res publica を英語で直訳すると public things（公共のモノ）となる。つまりレス・プブリカとは、公共の利益という抽象的な観念のみならず、それを下支えする具体的な事物をも含む。文書メディアがさほど発達していない古代ギリシアのような社会においては、まさしく物理的なインフラ（都市の建築物や構造それ自体）こそが法《ノモス》だったとも考えられる。[17] このポイントに注目したのが、闘技政治の研究で知られるボニー・ホーニッグの『パブリック・シングス』である。[18]

彼女はこの本で、効率性が追求されるあまり、デモクラシーが危機に晒されていると論じる。過度の民営化《プライバタイゼーション》＝私化の推進は、公共サービスを痩せさせ、社会を蝕んでゆく。これ自体はよくある批判だが、ホーニッグはさらに、さまざまな公共的な対象物《オブジェクト》がデモクラシーにとって欠かせないことを強調する。

たとえばそれには、道路や郵便網、各種の記念碑やスポット、そして図書館も含まれる。愛着あるぬいぐるみなどを仲立ちとして、幼児は他者や外部世界とうまく接触できるようになるが、それと同様に、市民も公共的な対象物を介してこそ、他者との、そして自分自身との関係をよく結ぶことができる。そのような安定した環境がなければ、私たちが未知のものに出会い、何か新しいことを始めることは困難になる。

ここでは図書館という公共性のインフラに注目したい。書物というメディアはきわめて重要なものだが、手練《てだ》れの読書家はともかくとして、なかなかアクセスが難しいこともたしかである。そのようなとき、一定の質を保った蔵書があり、司書によるアドバイスを受けることができ、無償でレンタル可能な図書館は大いに助けとなる。

しかし、図書館をめぐる状況には厳しいものがある。図書資料などの購入予算は減少傾向にある。本の品揃えが薄くなるのはもちろんのこと、職員の多くは非正規雇用となっている。さらに近年では、文科省が定める「学校図書館図書標準」を達成できていない公立学校も少なくない。専任の学校司書がまったくいない自治体もある。

書店もまた、公共的な対象物に準ずるものと考えられるが、こちらの現状もかなり厳しい。出版文化産業振興財団の調査によれば、2022年9月の時点で、書店が一つもない市区町村は26・２％である。もちろんオンライン書店や電子書籍を利用することができるとしても、実物の書物を手にとることとの体験には代えがたいものがある。

私の故郷でも高校生だった頃はまだ駅前に本屋があり、学校帰りに暇をつぶすこともできた。店舗の一角には、学術系の文庫がならぶ棚とサブカルチャー関連の本がならぶ棚が向いあっており、その小さな空間や手にした本をいまなお思い出すことができる。だがその懐かしい場所もいつのまにか姿を消し、いまではただ、大手レンタルチェーン店に併設された書店がかろうじて残っているだけだ。

いずれにせよ重要なのは、公共性が何らかの物質的・具体的な媒体を必要とすることへの配慮である。一般化していえば、一定の条件や必要なコストを満たすことなしに、精神論だけで政治がうまくゆくことはない。共和主義の伝統はこの問題をよく意識していた。

公共財としての仲介機関――政党とメディア

ここからは、政治上の平等をめざす具体的な取り組みについてみてゆきたい。この課題に応じてきたのはリベラル・デモクラシーだといってよいだろう。すなわち、基本的人権の保障（リベラリズム）と平等な政治参加（デモクラシー）を組み合わせた政治の構想である。平成が始まる頃には、冷戦の終結を踏まえ、リベラル・デモクラシーが最終的に勝利したのだと喧伝されたこともあった。

だが楽観的な見方はもはや過去のものだ。歴史的に反復される流れでもあるが、今日でもまた、リベラル・デモクラシーの機能不全が指摘されるようになっている。なかでもポピュリズムの問題は深刻なものだ。ポピュリズムについてはさまざまな見方があるが、既存の政治への不信が背景にあることを最大公約数的に指摘できる。

自分たちの利益や意見が反映されていない、政治は一握りのエリートのものになってしまっている、選挙をしても結果は決まっている。そうした不満を抱えた人びとは、急進的な草の根運動などをつうじて「本当の私たち」の声にこたえてくれる新たな政治的リーダーを待望する。しかしこの試みは――プラトンが『国家』で見抜いていたように――しばしば僭主の誕生を導く（第1章）。英雄のいない時代は不幸だが、英雄を必要とする時代はさらに不幸である。そして偽りの英雄を選んだ時代は報いの時をむかえる。

ドイツ出身の政治理論家ヤン＝ヴェルナー・ミュラーは、否定的な意味でのポピュリズムの特徴を「自分たちだけが真の人民を代表する」というロジックにもとめる。[19] つまりポピュリストは、反エリート主義者であるだけではなく反多元主義者でもある。すべての人民の声を代弁するとうそぶきつつ、実際は特定層の利害のみを配慮し、敵対する勢力を抑圧・排除する。私的利益と公共的利益の置換・短絡――部分による全体の僭称（pars pro toto）――は共和主義の政治の対極にある。

それではいかに対処すべきだろうか。ミュラーは『民主主義の制度と精神』（２０２１年）で以下のような議論をしている。彼はとくにトランプ政権、ならびにその余波の内にあるアメリカを念頭におきながら述べる。たしかにいまの政治は苦境にある。しかし、リベラル・デモクラシーが全面的に没落したわけでも、人びとが特段に愚かになったわけでもない。

図５-２　ヤン＝ヴェルナー・ミュラー（1970～）

> 人が正しい道理だと信じていることを完全に変えることができるとは思えない。けれど人のおかれている環境や、そこに示されている選択肢を変えるのはどうだろう。別の言い方をすると、デモクラシーの重要なインフラ（critical infrastructure）を変えることである。そのためには、デモクラシーの根底原理をもっとしっかり理解する必要がある――そう、「本来の原理に立ち返る」のだ。[20]

重要なインフラ（批判的・決定的なインフラ）として、具体的には政党とメディアのあるべき姿について論じられている。これはミュラー流のパブリック・シングス論といえるだろう。なお「本来の原理に立ち返る」(riduzione verso il principio) という言い回しは、マキアヴェッリの『ディスコルシ』に由来する。[21] つまりこれもまた、リベラル・デモクラシーを共和主義によって補強する試みといえる。

政党は既存の意見や利益をたんに反映するだけのものではない。積極的には、新しく論争を生み出し組み立てるポテンシャルを秘めている。政党は、個人や集団の声を結集させ、それを形づくり、目にみえるものにする(逆にいえば、媒介されない生の利害や情念は有意な世論〔輿論《よろん》〕とはいいがたい)。このようにして、有権者に実効的な選択肢を提供し、社会についての見取り図を示し、政治参加への動機づけを与えることができる。

さらにミュラーは強調する。リベラル・デモクラシーがよく機能するためには、複数の有効な選択肢が提示されていなければならない。政権交代の可能性をはじめ、複数の政党によるフェアなゲームが成立している必要がある。いいかえれば、デモクラシーとはあらゆる政党が選挙で敗北しうる政治システムのことを指す。つまりその本質は「制度化された不確実性」にある。

政治は本質的に不確実性をもっている。正解がわかっているなら、もっとも合理的な手段を選べばそれでよい。しかし、ほとんどの問題はそこまで単純ではない。少子化問題ひとつをとってもさまざまな意見の不一致がみられる。コロナ禍のように想定外での舵《かじ》取《と》りが求められる場面もある。このようなとき、複数の意見や選択肢がプールされていれば困難にも対処しやすい。

　意見の不一致は相手に敬意を払うことと両立する。「具体的には、誠実な野党／反対派(loyal opposition)を形成することによって、デモクラシーへの真摯な態度《コミットメント》を示すことが可能になる」。「必要なときにはきわめて厳しく政府を批判する一方で、政府の正統性は否定しない、そのような集団である」[22]。ポピュリズムに抗するためには、このような、多元性を意識的に担保する仕組みが不可欠といえる。適度な対立性をもつ複数政党制はその代表である。

　同様のことはメディアについても当てはまる。繰り返していえば、私的利益を公共的利益へと変換させる媒体なしに、政治が長期的にうまくゆくことはない。新聞やテレビに代表されるマスメディアも、政党と同じく、まさにこの意味での公共財としての仲介機関といえる。複数のメディアが多様な視点や論点を提供することは健全なデモクラシーの前提である。

　アメリカでは２００４年以来、五紙に一紙の地方紙が廃刊されたが、このことは地方議会の投票率低下、現職の再選可能性の上昇、そして汚職事件の増加と関連しているともいわれる。日本でも２００４年に『鹿児島新報』が突如廃刊すると、普及率の高かった地域では、直後の参院選での投票率が有意に低下した[23]。

政党やメディアは多元性の担保以外のこともできる。「仲介機関は政治的時間《ポリティカルタイム》を構築する役割を担っている。政党は一定の間隔で予備選挙を行い、新聞社や放送局は所定のスケジュールに従ってニュースや論説を伝える」[24]。こうした定期行事はデモクラシーにリズムをもたらし、政治家や有権者に一定の予期を与える。それは各種の準備や駆け引きを、ひいては政治というゲームを活性化させる。

逆にいえば、ＳＮＳは一面ではとても有益だが、大量の情報がたえず浴びせられる状況は政治的判断の形成を困難なものとする。政治的時間の喪失は政治的リアリズムの衰退を招きかねない。精巧なゲームが単純なディールに変わる。そのとき漁夫の利を得るのは、政治的技量や知識に長けた熟練者でも、公共への意欲に溢れた新参者でもなく、よく響く声と多くの資金をもつ一見魅力的な人物――現代の僭主――であるだろう。

政治バウチャー

とはいえ既存の政党はさまざまな問題を抱えている。有権者の不信を招く不祥事にも事欠かない。しかし、多元性を担保するデモクラシーのインフラとしての政党を否定するなら、たとえば昭和初期の政治と同じ轍《てつ》を踏むことになるだろう。

それでは、政治上の平等をめざす財産所有のデモクラシーから、どのような改善策を示すことができるだろうか。ここではまず、政治バウチャーに触れておきたい。すべての市民に同額のバウチャー（クーポン券）を配布し、支持する政党や運動に寄贈できるようにする仕組みである。

ピケティは年間5ユーロ（1000円弱）の「民主的平等性バウチャー」を提案している[25]。さらに彼は、より重要なこととして、同時に企業などの法人による政治献金を全面的に禁止し、個人献金にも年間200ユーロ程度の上限を設けるべきだとする。この試みが実現すれば、経済力の政治力への転化や徒党の発生といった問題も相当に改善されるだろう。

ミュラーも同じくバウチャー制に期待をよせている。富裕者の寡頭制を防止するだけではなく、一般市民にも肯定的なメッセージを送るものとなるからだ。「それは、デモクラシーの重要なインフラを維持および管理する責任を負うのは、今日のアメリカで「寄付者階級《ドナー》」としばしばよばれる階級だけではなく、むしろその責任はあらゆる市民の肩にかかっているという内容の信号である」[26]。

いまの日本ではもちろん企業献金が認められている。しかし、根拠とされる八幡《やはた》製鉄政治献金事件の判例は1970年のものであり、その妥当性についてはさまざまな異議が唱えられてきた。1994年に政党助成金制度が導入されたときも、目的のひとつは企業献金の見直しだったが、本格的に実行されることはなかった。政治資金の透明化についても失われた三〇年は当てはまる。

政治バウチャーならびに企業献金の制限を実行することは技術的には難しくない。この試みは、デモクラシーを金権政治《プルトクラシー》から解き放ち、よりダイナミックな政治参加を促すものとなるだろう。それはまた、財産所有のデモクラシーの共和主義的但書――平等な政治的自由が、しかもこうした自由のみがその公正な価値を保証されるべきである――に沿うものでもある。

クオータ制

もっとも、政治バウチャーのような案がすんなりと導入されるとは考えにくい。端的にいえば、政治権力や経済権力を握った既得権益層は、みずからの利益を減らす提案を嫌うだろうからである。結果は目にみえている。何か改革案が提示されても、真剣にとりあげられることはなく、そのうちおざなりに流される。

本書のいう支配――社会的・経済的格差が政治的影響力に反映されるなど、一部の者が社会を牛耳るようになる――がとりわけ厄介な理由である。つまり支配は、ひとたび成立するとデッドロックに陥りやすい。とはいえ、明白に不正な状況であればともかく（その場合は市民的不服従や抵抗の選択肢もある）一応は政治のゲームが成立しているなら、ルールや手続きにしたがってゲームをつづける必要がある。

最後にとりあげたいのは、クオータ制とロトクラシーである。これらはともに、選挙というデモクラシーの主要なルールを踏まえつつも、大きな変革可能性を秘めた考えである。まずはクオータ制からみてゆきたい。

クオータは「割り当て」の意味であり、クオータ制とは「議員（候補者）の一定数を、特定属性をもつ人びとにあらかじめ割り当てる」仕組みである。第３章でみたＡＡの選挙バージョンといってよいが、女性というジェンダーに焦点が合わせられることが多い。つまり、医学部入試で黒人に一定の合格者枠を設けたように、議員数あるいは立候補者数の一定を女性に割り当てようとする試みである。

クオータ制が導入された理由は、いうまでもなく、政治家のジェンダーバランスがきわめて不均衡だったからだ。女性の選挙権が認められてきたのはこの１世紀ほどであり、従来の政治家は男性ばかりであった。もちろんいまでは男女ともに形式的には選挙権・被選挙権が平等に保障されている。とはいえ「ＡＡの五段階の規範」が示すように、歴史的不正の影響は長引きやすく、女性政治家の割合は有意に少なかった。

しかし、この半世紀ほどで状況は大きく変化した。現在ではＯＥＣＤ加盟国の大半がクオータ制を導入しており、国によっては女性国会議員の割合が４割前後になっている。女性の首相や大統領はもはや珍しいものではない。日本はこの点で立ち遅れているといわざるをえない。女性国会議員の割合はわずか1〜2割ほどであり、ジェンダー・ギャップ指数が低い原因ともなっている。

クリティカル・マスという用語がある。これはマーケティングで「それをこえると商品やサービスの普及率が加速する分岐点」を意味するが、ジェンダー政治の文脈では、30%をこえてはじめて女性議員は本来の力を発揮しうることが指摘されている。[27] 逆にいえば、それ未満の場合、マイノリティとしての女性議員にとって、従来の男性的な価値観を受け入れることが合理的な行動様式になってしまいかねない。

だとすれば日本においても、クオータ制などによってまずは3割程度の女性議員の割合をめざすことは喫緊の課題だと思われる（あわせてLGBTQへの配慮も必要だろう）。これについては「逆差別」ではないかとの批判があるが、本書の用語でいえば「逆格差」にとどまるものであり、現状の不平等からすると受け入れられる余地は大いにある。クオータ制は議員の質を下げるというよりも、有能でない男性議員を排除するという指摘も注目に値する。[28]

ロトクラシー——くじ引き民主制

つづけてはロトクラシーである。ロト（ロッタリー）とは「くじ」のことで、つまりくじの要素を含むデモクラシーを意味する。第3章ではサンデルのいう「くじ引き入試制」にも触れたが、その選挙バージョンである。くじで一括して選ぶ場合もあれば、入試のように適格者を選抜したうえでくじを引かせるパターンも考えられる。

大胆にすぎる試みだと思われるかもしれないが、歴史的にみれば、ロトクラシーは古代ギリシアのアテネで実施されていた由緒正しいデモクラシーの構想である。自由と平等を重んじていたアテネの人びとは、市民全員が参加する民会において（女性や奴隷は除外されたが）さまざまな役職をくじで選んでいた。現在の裁判員制度にもつうじる考えである。

最後にひとつ余ったお菓子をめぐって、友達とジャンケンで決めたことのある人は多いだろう。誰にも等しく資格があるような場合、偶然性にゆだねる決め方は理にかなっている。逆にいえば、おいしい思いをするメンバーがつねに決まっている場合、その集団は本当に対等な関係にあるとはいいがたい。くじによる選抜は、支配の不在という意味での平等に根ざした、直接デモクラシーの精神を体現するものなのだ。

対して投票の場合、ランダムにではなくよりすぐれていると思われる候補者に一票を投じる。というわけで、投票による選抜（＝間接デモクラシー、代表制）は、アリストクラシー（貴族制）の要素を引き継ぐものとなっている。しかしみてきたように、貴族制はしばしば寡頭制へと劣化してしまう。

日本でも思想家の柄谷行人が20世紀末の時点でロトクラシーに注目している。彼もまた、投票による代表には限界があると指摘する。それではなぜ、普通選挙は必ずしもうまくいかないのか。理由のひとつは、秘密投票が充分機能しないことにある。誰に投票するか・しないかは重要なプライバシーであり、詮索を免れていなければならない。フランス語では投票ブースをイゾロワール（isoloir）とよぶが、これは意識的につくられた「孤立した場所」を意味する。

しかし会議で無記名投票をする場合、完全に票読みが可能であり、ために工作を促すようなケースも少なくない。あるいは私の故郷のような田舎だと、誰が誰に投票するのかはほぼ共通了解になっている。中途半端な秘密投票はむしろ有権者や政治を浅ましくする傾向がある。柄谷はこのことを、普通選挙実現前夜に書かれた、菊池寛『入れ札』（1921年）の巧みな読解によって示している。

代表制とは、もともと「主人」であるものを、代表者として承認するという手続きではないか。制限選挙の段階では、そのことははっきりしています。大多数が投票権ももたないのに、国民の代表者（代議士）がいたのだから。ところが、全員が参加する普通選挙において、そのことが見失われます。全員が参加するのだから、民主主義的であると見える。

普通選挙においても、もともと「主人」であった者が代表者として選ばれてくるだけなのです。ただ、人々は、彼らを自分たちが選んだ代表者だと思いこむだけです。[29]

大規模な選挙になっても、各種の支配が残存していれば、実情はさほど変わらない。むしろ実質は制限選挙であるのに普通選挙のファサードが被せられることで、既得支配層が偽りの一般性を僭称することを容易にしてしまう。それゆえ厳密にいえば、ポピュリズムは代表制にのみ存在する。[30] さらに有権者が無力化・分断化されるにつれて弊害も深まるが、たとえばルイ・ナポレオンのボナパルティズムはその極致といえる。「彼ら〔分割地農民〕はみずからを代表することができず、代表されなければならない[31]」。

図5-3　柄谷行人（1941～）

これを防ぐためには、政治権力の不平等を是正する必要がある。つまり「秘密投票の機会においてだけ各人を主権者たらしめるのではなく、現実の権力関係の場において各人を主権者たらしめる」システムを導入しなければならない。[32] そのひとつがロトクラシーである。柄谷はサンデルに

20年先駆けてくじ引き入試制を提案しているが、企業組織においてもくじ引き制の導入が望ましいとしている。これは第4章でみた共同経営とも接合可能なアイデアといえるだろう。

AAやクオータ制と同様、ロトクラシーについても批判や反論があると思われる。碌《ろく》でもない人物が選ばれてしまうのではないか、というのが一番の懸念だろう。これについては、入試と同じく一定の足切りをしたうえでくじ引きをすることで、明らかに不適格な候補者を除外することはできる。あえていえば、特定の偏った層だけが政治家になりやすい現状よりもいろいろと改善がみられるかもしれない。

ロトクラシーやくじ引きについては、近年、研究が活発になされてきている[33]。衆議院は変わらず投票で選ぶとしても参議院や地方議会の一部をくじでの選出に切り替える、官僚を含む公務員の一定割合をくじ引き採用制にするといった、さまざまな興味深い提案がなされている。

代議制デモクラシーと比較してロトクラシーは必ずしも劣ったものではない。むしろそれは、政治上の平等を推進する点においてはすぐれてさえいる。もっとも、二つのデモクラシーは対立するというより相補うものだ。重要なのは、投票とくじ、代表制と直接制のバランスをうまく組み合わせることである。

クオータ制に比べるとロトクラシーのハードルは高い。少なくとも「公務員の選挙については、成年者による普通選挙を保障する」（憲法15条３項）という条文との整合性が問われる。

とはいえ、自治体レベルでのパートナーシップ制度の普及が同性婚の合憲性への判断を変化させつつあるように、ローカルな取り組みの積み重ねが選挙制度のあり方にも影響を与えるかもしれない。大学や企業でのくじ引き制の導入はその一歩となりうるだろう。

第6章　評価上の平等――複数性

評価上の不平等とは、特定の基準や生き方だけが有意なものとされることである。一元化された能力主義はその一例だが、結果として、いまの社会は誰にとっても生きづらくなっているように思われる。これに対抗するためには、価値の複数性に配慮し、誰もが自尊を抱きうるような社会の構想が必要となる。この意味で、財産所有のデモクラシーがめざすのは〈自分自身〉であるためのデモクラシーなのだ。

絶望死、遺伝と能力

第1章でも簡単に触れたが、最初に絶望死の問題について論じ直しておきたい。消費、貧困、福祉についての研究でノーベル経済学賞を受賞したアンガス・ディートンは、アン・ケースとの共著『絶望死のアメリカ』を公刊して話題をよんだ。[1] 絶望死とは、自殺ならびに過度のドラッグやアルコール摂取に起因する死のことである。

絶望死は以前から存在したが、この30年のアメリカにおいては特定層での増加がみられる。45歳から54歳の白人中年男性で、大学に進学していない人たちである（大卒者には当てはまらない）。深刻なのはオピオイド（麻薬性鎮痛剤）の過剰摂取で、通常は緩和ケアなどにおいてのみ用いられるが、アメリカでは規制がゆるいために少なからぬ中毒者が発生してしまっている。製薬会社の利益誘導が背景にあるともされる。

オピオイドやアルコールにすがってしまうのは、それだけ生活が苦しいからだ。さまざまなデータが示されているが、健康状態への自己評価や心理的苦痛のきつさをはじめ、学士号をもたない人たちでは数値がどれも悪化している。彼らはたんに経済的に貧しいだけではなく、生きがいや他者とのつながり、そしてコミュニティへの帰属感を剝奪されている。

生きづらさには能力主義もかかわっているように思われる。一般的にいって、右肩上がりの時代には能力主義がもつ負の側面は目立たないが、社会が停滞しパイの奪い合いが生じてくると問題があらわれてくる。絶望死に至った非大卒の白人中年男性は、現代の能力主義レースの犠牲者といえるかもしれない。

第3章では「能力主義と正義」について考察したが、この論点に立ち返ってみよう。ネーゲルはＡＡにかんする論文の結尾で次のように述べている。

人種上および性別上の不正義が減少したとしても、われわれには依然として賢い者と愚かな者（the smart and the dumb）が存在しており、同程度の努力に対して与えられる報酬があまりにも異なる、という大きな不正義が残されるだろう。経済的・社会的な格差を伴う報酬システムが、系統的に性差や人種差を反映するものでなかったとしても、これはやはり不正義であろう。[2]

これは「公正な能力主義」がはらむ問題にほかならなかった。この考えからすれば、環境の不平等は是正されるべきだが、能力の不平等はそうではない。その結果、能力に起因する（とされる）多大な格差が正当化されてしまう。

能力主義を批判するサンデルは、この文章をとりあげて、ネーゲルを論難している。「〈賢い者と愚かな者〉という文句がすべてを物語っている。それは、ポピュリストがリベラル・エリートに抱く最悪の疑念を裏付けるものだ。ネーゲルの言葉は、われわれが「たがいの運命《フェイト》を共有する」社会を追い求めるロールズの民主的な感性からはかけ離れており、一部の福祉国家リベラリズムが囚われがちな能力主義的おごりを露わにしているのだ」[3]。

しかし、この批判はフェアではない。ネーゲルが述べているのは、体力に恵まれた人とそうでない人がいるように、知力に恵まれた人とそうでない人がいるという否定しがたい事実である。むしろネーゲルは、引用部分からも明らかなように、能力主義の考えを「不正義であろう」と退けている（〈賢い者と愚かな者〉という表現は適切ではないとしても）。

近年では「遺伝と能力」についての研究もすすんできている。これはセンシティブなテーマである。というのも、優生学に悪用され、差別を助長してきた過去があるからだ。しかし、遺伝統計学者のキャスリン・ペイジ・ハーデンによれば、だからといって遺伝と能力のつながりに目を閉ざすこと（ゲノムブラインド）は理にかなっていない。[4] 能力については、努力による後天的な側面も大きいとはいえ、遺伝という先天的な側面を無視することはできない。

ハーデンは、科学上の知見にもとづき、遺伝上の差異によって、スキル習得や行動パターンに違いが出てくると主張する。彼女はそれを「遺伝くじ」とよぶ。比較的少ない努力で試験に合格する人もいれば、多大な労力を費やしても不合格になる人もいる。対人関係を築くのに長けた人もいれば、苦手な人もいる。アルコールに依存しやすい人もいれば、そうでない人もいる。つまり遺伝と能力には一定のつながりが認められる。

同時にハーデンは「遺伝に起因する能力の違い」が「人間としての優劣の違い」とイコールではないことを強調している（両者を誤って同一視したのが優生学である）。ロールズにしたがって、彼女は両者が別物だとする。前者を変えることはできないが、後者を――より精確にいえば、人びとの評価にかかわる社会制度のあり方を——変えることはできる。ここでは『正義論』の重要な主張を確認しておこう。

社会システムは、人間の制御をこえた変更不可能な秩序ではなく、人間の行為のパターンにほかならない。〈公正としての正義〉においては、そうすることが共通の便益になる場合にのみ、人びとは自然本性や社会状況の偶発事《アクシデンツ》を〔社会制度を媒介にして〕役立たせることに合意する。〔正義の〕二原理は運命の恣意性に応対する公正な方策だ。その他の側面ではたしかに不完全だとしても、この原理を満たす制度こそは正義にかなったものなのだから。[5]

絶望死の増加は、いまのアメリカ社会の制度が、この意味で「正義にかなったもの」ではないことを物語っている。それは、格差原理の要請——人びとの差異を前提にしたうえで、恵まれない人の生の見込みをなるべく上昇させるような仕方で格差を設定すること——に逆行するトレンドである。現行の能力への評価基準は多大な問題を抱えている。

時間どろぼう――エンデ『モモ』

むきだしの能力主義は、勝者とされる人にとってもやさしいものではない。サンデルは次のような問題を指摘している。受験戦争を突破してハーバードに入学してもそれで終わりではない。「能力の戦場で勝利を収める者は、勝ち誇ってはいるものの、傷だらけだ。それは私の教え子たちにも言える。まるでサーカスの輪くぐりのように、目の前の目標に必死で挑む習性は、なかなか変えられない。多くの学生がいまだに競争に駆り立てられていると感じる。そのせいで、自分が何者であるか、大切にする価値があるのは何かについて思索し、探求し、批判的に考察する時間として学生時代を利用する気になれない」[6]。

彼らは社会に出ても、終わりなき能力主義のレースを生きるのだろう。というより、そう規律訓練されたのだから挑みつづけるほかはない。深刻なダメージを受けて途中退場する者もいる。そして傷を負いつつ生き延び、多大な金銭や名声を獲得できたとして、はたしてそれが充実した生き方だといえるだろうか。

たとえトップエリートではなくても、似たようなプレッシャーや生きづらさを感じる人は少なくない。平坦な戦場で生き延びることもたやすくはない。日々の生活に追われ、「自分が何者であるか、大切にする価値があるのは何かについて思索し、探求し、批判的に考察する時間」を、誰もが奪われがちである。

この問題にかんする示唆的な物語として、ミヒャエル・エンデの『モモ』がある。[7] 主人公のモモは人の話を聞くのが上手な女の子で、彼女と話をすると誰もが充実した気持ちになれる。「ほんとうに聞くことのできる人は、めったにいないものです。そしてこのてんでモモは、それこそほかにはれいのないすばらしい才能をもっていたのです」。

だが次第に人がやって来なくなる。それは「灰色の男たち」のせいだった。彼らは「無駄な時間を預けてくれれば高額の利子をつける」とそそのかして、人びとの余暇を回収していたのだ。そして何かがおかしくなってゆく。

時間貯蓄銀行を利用した者は、たしかにお金こそ増えるが、次第に不機嫌で怒りやすくなる。「時間をケチケチすることで、ほんとうはぜんぜんべつのなにかをケチケチしているということには、だれひとり気がついていないようでした。じぶんたちの生活が日ごとにまずしくなり、日ごとに画一的になり、日ごとに冷たくなっていることを、だれひとりみとめようとはしませんでした」。さらには街並みまでが無機質で画一的で貧しくなってゆく。

図6-1　ミヒャエル・エンデ『モモ』

灰色の男たちの正体は「時間どろぼう」だった。銀行を利用しはじめた人たちは、変だと思いつつも、時間の節約をやめることはできない。だがモモは違った。彼女は何でもないような時間の大切さを知っているからだ。こうしてモモは時間どろぼうと対決することになる。『モモ』は児童文学だが、時間どろぼうに象徴されるテーマは寓話と理屈の両側面をかねそなえ、大人にも響きやすいものとなっている。本国のドイツに次ぐ人気が日本ではあるといわれるが、たしかに両国の時間貯蓄銀行の業績はよいのかもしれない。もっとも睡眠時間は日本が有意に短い。

物語の後半、モモは「時間の国」でマイスター・ホラと問答を交わす。ホラによれば、時間を感じとるためには心がなければならない。逆にいえば、心が時間を感じとらなくなってしまえば、その時間はないも同然である。おだやかな時間が流れるなかでホラはモモにやさしく諭す。

人間はひとりひとりがそれぞれじぶんの時間をもっている。そしてこの時間は、ほんとうにじぶんのものであるあいだだけ、生きた時間でいられるのだよ。……人間はじぶんの時間をどうするかは、じぶんできめなくてはならないからだよ。だから時間をぬすまれないように守ることだって、じぶんでやらなくてはいけない。

能力主義や競争がすべてまちがっているわけではないし、何かを達成するためには多くの時間をかける必要もあるだろう。だがそれは、本当に自分にとって価値あるもののために使われているのだろうか。そこかしこに溢れる灰色の男たちの甘言から免れる術を私たちは学ばねばならない。モモの導き手たるカメのカシオペイアが知っているように——「オソイホド　ハヤイ」。

財産所有のデモクラシー③——複数性

絶望死や時間どろぼうの話から導かれるのは、いまの社会が特定の評価基準や生き方を前提としているのではないか、という問題の所在である。学歴のような資格をもたない者が切り捨てられやすい一方、もてる者も過酷なレースを強いられつづける。アウトサイダーとインサイダーの違いはあるが、両者はいわば特定の価値観へと等しく疎外されている。

これまでみてきたように、財産所有のデモクラシーは、少数のグループが政治権力や経済権力を支配するのを防ごうとしてきた。これらに加えて、いま生じているのは、評価上の支配状態というべき事態である。今日のそれは、特定の価値や生き方のみが評価される、一元的な能力主義《メリトクラシー》の支配といえるかもしれない。

さらに幻滅させられるのは、競争の勝者である巨大な権力をもつ人びと、あるいはセレブや著名人の生活が必ずしも羨ましく思えないことだ。「酸っぱい葡萄《ぶどう》」だといわれるならそれまでだが、成功者は実際どこか空虚な思いを抱えているのではないか。『モモ』のマイスター・ホラはこう警告している。

はじめのうちは気のつかないていどだが、ある日きゅうに、なにもする気がしなくなってしまう。なににもついても関心がなくなり、なにをしてもおもしろくない。この無気力はそのうちに消えるどころか、すこしずつはげしくなってゆく。……なにもかも灰色で、どうでもよくなり、世のなかはすっかりとおのいてしまって、じぶんとはなんのかかわりもないと思えてくる。

ここまで心が冷え切ってしまうと、時間貯蓄銀行の利用者は灰色の男そのものになってしまう。「この病気の名前はね、致死的退屈症というのだ」。一元化された能力主義の社会においては、敗者は絶望という名の、勝者は退屈という名の死に至る病を患いやすい。それは誰もが貧しい時間を生きる世界である。

それゆえこの事態に対抗するためには、価値や評価の基準を意識的に多元化する必要がある。それはまた、社会が安定して存続するためにも重要である。絶望や退屈に見舞われた人びとは、みずからの人生に投げやりになるのみならず、この世界が未来へとつづいてゆくことも真剣に受けとめなくなるだろう。

ロールズは、財産所有のデモクラシーが次の条件を満たすべきだとしている。「政治的正義の構想は、熱心な支持を得ることのできる複数の生き方のためのいわば充分な空間（sufficient space）をそれ自身のうちに含んでいなければならない。それができないならば、この構想は支持を欠き不安定なものとなるだろう」[8]。

特定の評価や生き方だけではなく多種多様なそれらが承認されていること。これを複数性《プルーラリティ》の擁護とよびたい[9]。ロールズの用語でいえば、それは、できるだけ多くの価値観（善の構想）が認められうる社会、あるいはすべての人が自尊心（自尊）をもちうる社会のことである。

この意味での自尊心《セルフ・リスペクト》とは、①何か自分にとって重要な生きがいがあり、②それを実際に追求することを実感できる、そのような場合に可能となる、きわめて重要な道徳感情のことである[10]。自尊を奪われてしまうと、最悪の場合、死に至る絶望や退屈を招いてしまう。そこまでゆかずとも、人生はつらくむなしいものとなる。

もちろん感情を直接分配することはできない。だが「自尊を抱くことを可能にする社会的基盤」を整備することはできるし、政府の役割であるべきである。[11] 前章までにみてきた政治上の平等や経済上の平等も含まれるが、本章では評価上の平等に焦点を合わせたい。これらの平等が制度上で保障され、さらにその事実が相互に承認されているとき、関係の平等主義——対等な存在としての人びとからなる社会をつくることが平等である——は現実のものとなる。

自尊の社会——配達員の仮想演説

ロールズの教え子でもある政治理論家ライフ・ウェナーに倣って、この平等な社会の理念を「自尊の社会」(society of self-respect)とよびたい。[12] 彼によれば、『正義論』はたんに平等をめざすだけではなく、能力主義の負の側面——怨みの政治の亢進《こうしん》——を正しく懸念するものでもあった。

ウェナーは自尊の社会がいかなるものであるかを、ウーバーの配達員が外国からの観光客の質問に答えるという見立てで、巧みに表している。やや長いが全文を引用したい。

A「……こういうわけで、ぼくらはこの国を誇りに思ってるんだ」

B「つまりなぜ?」

A「この国では誰もが自尊心をもつことができる。みなが自由で、みなが平等で、システムは誰にとっても公正なんだ」

B「なるほど……でもそれってどういう意味？」

A「学校で教わるようなことさ。みな自由に生きている。スタート地点がどこであれ誰にもほぼ等しいチャンスがある。そしてたとえ自分の稼ぎが少なかったとしても、経済は自分のためにもなっていると実感することができる」

B「結構なことだけど……実際の暮らしはどうなの？」

A「ぼくたちはみな自由だ。どんな神を信じようが、何を言おうが、誰とすごそうが、自分の人生で何をしようが、みながそれを尊重する。それが一番大事なことさ」

A「ぼくたちはみな平等だ。政治では平等な発言力をもっている。貧富の差や、人種・性別・宗教の違いにかかわらずね。経済では自分に適したよい仕事につけるよう訓練を受けられる」

A「そしてシステムは公正だ。ルックスのいい人、頭のいい人、あるいは他の何かにすぐれた人がいる。これは当人にとって素晴らしいことだけど、ぼくたちはみなで一緒に生きている。だから幸運な人は才能《ギフト》をいかして自分を高めてもいい、ただしそれがすべての人を高めるかぎりでね。経済は貧しい人びとの暮らしをやれるかぎりでよいものにしようとする。だって彼らも他のみなと等しく重要な存在なのだから」

この仮想演説は正義の二原理のパラフレーズになっている（第2章）。『正義論』は大著であるため通読はなかなかに困難だが、この演説はぜひ記憶にとどめていただきたい。配達員になったつもりで声に出すのもよいかもしれない。

極論すれば、この演説の内容を個人的な体験や記憶——それぞれじぶんの時間——にきちんと結ぶことができるなら、あなたはすでに『正義論』を読めている（そして自分自身の正義論を書きはじめることすらできる）のである。

評価集団の多元化——複合的平等

以上の話をまとめよう。自尊の社会が成立するためには、二つの条件が満たされる必要がある。まず消極的には、差別や多大な格差が是正されなければならない。そのうえで積極的には、多様な価値観や生き方が社会的に認められていることが重要になる。

正義の二原理は、まずは消極的条件への対処をめざすものだ。平等な自由の原理、公正な機会平等の原理、格差原理は一体となって、正当化できない不平等をシャットアウトする。ただし「自尊の社会的基盤」が十全に機能するためには、それに加えて、人びとが生きがいをそこで実感できるような複数のコミュニティが存在していなければならない。こちらの積極的条件は『正義論』で次のように語られている。

秩序だった社会においては多種多様なコミュニティやアソシエーションが存在し、それぞれの構成員たちはみずからの熱望や天分と適切に合致した理想をもっている。……したがって必要であるのは、各人が所属しており当人の目的を追求する努力が仲間たちによって確証・肯定されていることが分かるような、利害関心が共有されたコミュニティが、少なくともひとつは各人にとって存在せねばならない、ということにつきる。[13]

自分にとって意味のある複数の評価集団に帰属することで、人びとはそこで生きがいや承認を獲得し、別の生き方を不必要に見下したり妬んだりせずに距離をおくことができる。それゆえ各コミュニティは「相互に比較しない集団」ともなる。[14] 何か本当に打ち込めたり安らぎを感じたりするものがあるなら、恵まれていないとされる人も、他人を妬んだり自己を卑下する必要はない。多様なコミュニティは敵意に満ちた感情の発生を押しとどめ、社会の安定性に資することができる。

多元化というアイデアを別の角度から論じたのが、リベラルな社会民主主義者のマイケ

図6-2　マイケル・ウォルツァー（1935〜）

ル・ウォルツァーである。彼はコミュニタリアン（共同体主義者）の政治理論家としても知られるが、代表作の『正義の領分』において「複合的平等《コンプレックス・イコーリティ》」というユニークな考えを提示した。これは「複数性に配慮した平等」の構想である。

ウォルツァーはあらゆる財《グッズ》が平等に分配されなくともよいと主張する。そうした横並びの平等を求める「シンプルな平等」は説得力に欠けるし魅力的でもないからだ。彼はそれぞれの社会や文化の特殊性や個別性を認めるので、許容可能な格差が国や時代によって異なることを認める。

だがウォルツァーは、社会のひとつの領域で価値をもつべき財が、別領域の財に転換可能であってはならないと批判する。ビジネスで成功した人が多くの富をもつのはさしあたり問題ない。しかし、医療資源が限られているとして、重症の貧者をさしおいて軽症の富者に費やされるなら不当である。なぜなら、医療の領域で有意なのは、治療へのニーズであって財力ではないからだ（絶望死の増加はまさに問題含みのケースである）。

不当な転換可能性をもつ財をウォルツァーは支配財《ドミナントグッズ》（優越財）と名づける。「ある財をもつ個人が、その財をもつゆえに、それ以外のさまざまな財に命令を下せるようになる場合、私は当の財を支配的であるとよぶ[15]」。市場メカニズムが発達した社会では、とりわけ富が支配財となりやすい。その機制と対策については第4章と第5章でみてきたとおりである。

複合的平等の基本戦略は、各領域内部での平等を追求するというよりも、領域間の転換プロセスに注意を払うというものだ。そのためには、財の多様性を反映する、さまざまな分配的基準への配慮が必要となる。あわせて複数性への感度も重要になる。

複合的平等の社会は、ロールズのいう平等な社会とは異なる側面もあるが、支配の不在を重視する点では同じである。ウォルツァーは次のような喩《たと》えを用いている。「複合的平等の条件下では、成功者の子どもたちが成功を相続する可能性は少ない。概して、もっとも成功した政治家、起業家、科学者、軍人、恋人は別の人びとであるだろう。彼らの所有する財が他の財をひきずってくるのでない限り、その成功を恐れる理由はない[16]」。

だが現実では、成功した起業家が政治家を兼ねるような例は珍しくはない。それぞれの領域で必要とされる基準や技法への習熟を怠るなら、兼職や転職はたちまち領域間での不当な転換プロセスと化してしまう。真剣に取り組む場合は別として、複合的平等の考えからすれば、たとえばコメディアンがコメンテーターを兼ねることには疑義が生じる。おそらくそれは、社会にとっても当人にとっても望ましくない結果をもたらすだろう。

正義と多元性

社会に多元性をもたらす二つの戦略として、相互に比較しない集団（ロールズ）と複合的平等（ウォルツァー）をみてきた。スキャンロンは両者に一定の評価を与えている。とりわけそれらは、人生の成功を測る単一の支配的な尺度の存在を退けることで、一元的な能力主義への有効な代替案たりえている。[17]

ただし同時に、多元性をめざす戦略にはともすれば平等に反する側面がある。スキャンロンは「相互に比較しない集団」について以下のように指摘する。[18] この考えによるなら、人びとは最低でもひとつ以上のコミュニティに所属する。そしてみずからのコミュニティ内部では積極的に活動するが、そうでないコミュニティについては切実な関心をもたなくなる。つまりこれは、集団間での複合的平等が一見成立しているような状態である（それゆえ特定のコミュニティ内では能力主義の競争も認められる）。

たとえば私はアカデミアの一員なので、学問をめぐる話題や問題（そしてゴシップ）に興味をもつ。学界一般から、政治学界、政治思想学界と、自分の研究領域に近づくほど関心は高まる。あるいは自分を他人と比較してしまいがちだ。逆にいえば、離れた分野での出来事にはよくもわるくも感度が低くなる。

スキャンロンは自分の生活と超富裕層の生活との落差を嘆かわしく思わないと述べている。これは負け惜しみではなく実際にそうだろう。彼のようなスター研究者ではない私ですらそう思う。対して――まったくの仮想実験だが――たいした実力や業績もないのに評価されている研究者をみたなら複雑な気持ちをいだくかもしれない。

話を戻すと、まさにこうした機制がアメリカの巨額な役員報酬を招いた一因ではないかとスキャンロンは疑っている。つまり、実業家コミュニティ内では金額が有意な評価基準とされ、より大きな報酬をめぐるゲームが過熱する。他方で、貧しい人びとからすると超富裕層は隔絶しているため比較対象になりえず、はけ口はむしろ標準的な生活レベル――自分にもありえた人生――を送る人びとに向けられやすい。階層の両極にある人びとはこうして相互に無関心・没交渉になる。だが実際は、富という支配財をもつ者がほしいままにふるまえるのはいうまでもない。

「相互に比較しない集団」そのものはよいにしろ、どのようなコミュニティや価値観であっても認められるわけではない。たとえばヘイトスピーチを行うグループに生きがいを見出す人がいたとしても、それは他人の重要な自由を侵害するために承認されるべきではない。それから多大な貧富の格差が自明視されるような場合、客観的にみれば不当に搾取されているにもかかわらず、やりがいを感じて働きつづける労働者も少なくない。評価集団の多元化は不正義の除去を前提とするし、極端な分断化は是正されねばならない。

ウォルツァーもまた、興味深い問題提起をしている。確認しておけば、自尊の社会が実現するためには、根拠地となりうるコミュニティが誰にとっても最低ひとつは存在することが前提にされていた。「しかし、可能なあらゆる面で、あるいは少なくとも社会が高く評価するすべての面で、才能をもっている人が現実にいたらどうだろうか。そしてもし、すべての分野ですぐれていない人、学校でよい成績をあげられず、仕事上でも有能でない人、政治活動の舞台で説得力をもって議論する仕方を知らない人、身体的な特別の能力、家族への愛や関心を表現する能力、精神的な感受性、これらをまったくもっていない人、このような人々が現実にいたらどうであろうか」。

端的にいえば、何の取り柄もないような人の問題である。「社会にはそのようにみえる人びとがたしかにいる――私たちのだれもがそれは知っている――が、実際にそうであるとは信じられない（信じたくない?）というのが私の見解である」[19]。

これだけ読むと禅問答のようだが、ウォルツァーの強調点は挙証《きょしょう》責任を個人から社会に転換することにある。すなわち、いまかりに何をやってもダメに思える人がいるとしても、それを自己責任に帰するのではなく、むしろ支配のしるしとして捉えるべきなのだ。

そうした例は歴史上いとまがない。ロールズやウォルツァーと親交があった政治理論家のジュディス・シュクラーは、いささか辛辣に、そして怒りをこめて述べる。「何が不可避的で自然なものと扱われ、何がその逆に制御可能で社会的なものとみなされるかというのは、しばしば技術次第、あるいはイデオロギーや解釈次第である」「実際、一九三〇年においては、膨大な量の科学的優生学が、ジム・クロウ法［アメリカ南部の州で実施されていた人種差別的な法律］を実質的に裏書きしていた[20]」。

ジム・クロウ法は極端な例だと思われるかもしれない。しかし私たちは、はたして差別や支配への充分な感度をもっているだろうか。支配財の跳梁《ちょうりょう》を見過ごしてはいないだろうか。

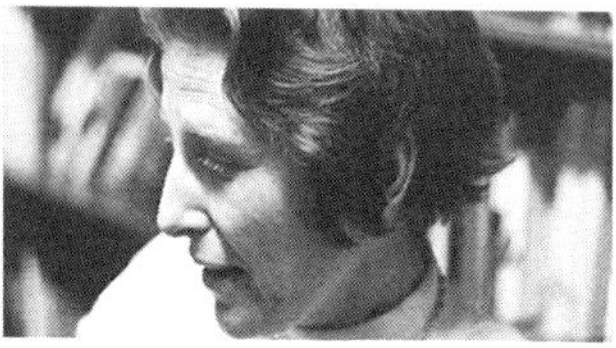

図6-3　ジュディス・シュクラー（1928〜92）

一元化された能力主義から優生学への道は遠くない。そうならないためには、多様性を単純に称揚するだけではなく、とりわけ不遇な人びとの声を配慮する必要がある。「少なくとも民主主義は、他の大半の体制が抑圧に訴えるのに対して、苦しむ者の声を沈黙させることはせずに、むしろ、不正を感じたという表明を変革への負託として受けとめるのである[21]」。

この意味で多元性と正義の探究は相補的なものでなければならない。支配の不在を目的とする関係の平等主義、そして自尊の社会をめざすならこのことはとりわけ妥当する。ウォルツァーはこう結論する。「私たちがこの支配化の状態を破ることができれば、これまで受動的で、人好きがしなくて、目につくことさえなかった、新しい人々が、予期しない仕方で不意に長所を現してきて、前に進むのをまのあたりにするであろう。それは本書で私のした賭けである。私は、今でもそれに賭ける覚悟は変わらない[22]」。

財産と富

複数性を擁護した代表的な政治哲学者がハンナ・アーレントである。彼女もまた、財産所有のデモクラシーに関連する興味深い論点を述べている。主著『人間の条件』をはじめ、アーレントは古代ギリシアのポリスを範型として、複数性に配慮した政治のあり方を示した[23]。同時に、近現代の社会においてそうした観点が蝕まれてゆくことを批判した。ここでは「財産《プロパティ》」と「富《ウェルス》」の区別(の消失)という問題をとりあげたい。

「私的なものと公的なものの深い結びつきは、私的財産の問題という最も基本的なレベルですでに明らかなのだが、近代になって財産と富が混同され、無資産と貧困が同じものとみなされているため、今日では理解されにくくなっている[24]」

財産と富は異なる性質をもつ。「もともと財産は世界の特定部分に自分の立ち位置《ロケーション》（居場所）を占めていることを意味し、それ以上でも以下でもなかった」[25]。つまり財産とは、それをもつことで日々の必要事から免れ、自律した存在としての政治参加を可能にするものである。対して富とは、欲望の対象として際限なく蓄積してゆくものだ。

充分な財産があるにもかかわらずそれ以上の富を追求することは、アーレントにいわせれば、むしろ自由を手放すことにつながる。欲望という必要事にふたたび囚われることになるからだ。古代ギリシア人はこうした問題を意識しており、それゆえ公的領域（政治）と私的領域（経済）を明確に区別していた。

図6-4　ハンナ・アーレント（1906〜75）

しかし近代以降、市場経済の発達に伴い、財産と富の区別は困難になってゆく。さらにそれは、財産が富に飲み込まれるというかたちですすんでいった。そこから生じるのは、単一の価値媒体——資本！——の終わりなき循環・増殖・蓄積のプロセスにほかならない。

富があらゆる活動や価値を交換可能なものに一元化してゆくものだとすれば、財産は終わりなき拡張に抗するためのシェルターといえる。それは持ち主の固有性を守りぬくものなのだ。「パブリシティの光から隠しておくべき暗闇を守る唯一有効な方法こそ、私的に所有された隠れ家としての私有財産なのである」[26]。

シェルターとしての財産を欠くとすれば、洪水のような富の専制を前にして、私たちの生活は一掃されるか、あるいは画一化してゆくほかはない。高度に発達した資本主義社会において、このことはもはやリアルな事態となっている。現代の社会はゆたかになったが、『モモ』でいわれていたように、街並みや暮らしは無機質で貧しくなっているようにも思われる。余暇がなければ、政治参加も困難になるだろう。

財産と富の区別は、財産所有のデモクラシーと福祉国家型資本主義の違いに対応させることが可能である（第4章）。富の観点、たとえば単純なGDPからすれば後者のほうが大きいかもしれない。だがそこでは単純な経済成長が最優先されるため、画一的な価値観やライフスタイルを強いられやすい。対して前者は、富の総量では劣るとしても、多種多様な生き方の包摂をめざすものだ。

財産と富の区別は、同様に、生きられた時間と画一化された時間の違いに結びつけることができる。時間貯蓄銀行を利用した人は、富こそ増えるが「それぞれじぶんの時間」を奪われてしまう。苦役に追われる生活を送る人にとって、一日は長いが一生は短い。生きられた時間をすごし、懐かしい幸福な記憶をもつ人にとって、一日は短いが一生は長い。

　生き方と建築物は現実でも深くかかわっている。建築家の山本理顕《りけん》はまさしく『人間の条件』を参照しつつ興味深い知見を示している。[27] 彼は次の一節に注目する。

> 都市にとって重要なのは、隠されたまま公的な重要性をもたないこの〔私的〕領域の内部ではなく、その外面の現われである。それは、家と家との境界線を通して、都市の領域に現われる。法とは、もともとこの境界線のことであった。そしてそれは、古代においては、依然として実際に一つの空間、つまり、私的なるものと公的なるものとの間にある一種の無人地帯《ノーマンズ・ランド》〔どちらにも属さない場所・どちらともつかない曖昧な場所〕であって、その両方の領域を守り、保護し、同時に双方を互いに分け隔てていた。[28]

もちろんアーレントは、私的領域・活動に対して公的領域・活動の重要性を説いた思想家ではある。ただし同時に、山本が注目するように、公私の領域を隔てる境界、そして政治と空間の関係性への鋭敏な感覚をもっていた。

　公的なものと私的なものを分かつ空間（無人地帯）を山本は閾《しきい》とよぶ。そのうえで彼は、古代ギリシアのポリスという建築空間で意識されていた閾が、近代以降の都市や建築で失われる過程を批判的に捉え直してゆく。とりわけ20世紀以降、建築物は過去の様式や周辺領域から切り離されて均一化してしまう。どうやら時間どろぼうは実際にいたようだ。

今日の住宅は、外部から切り離された私生活の場としてイメージされる。なかでも自室はプライベートな空間であり、そこで私たちは疲れた心身を休め、日々の仕事を繰り返してゆく。いまでは自明なこうした考えや生活は、しかし、ギリシアの人びとにとってはそうではなかった。プライバシーとは公的活動への参加からの剥奪《デプライブ》であり、さほど価値あるものとみなされていなかった。

閾はたんに分け隔てるのではなく同時に結びつけるものでもある。つまりそれは、私的領域と公的領域、個人と国家の「あいだ」にあって両者を媒介する空間だった。たとえば古代ギリシアのポリスの住宅には、食堂とサロンと議論の場を兼ねた、アンドロンという空間が設計されていた。そこは私的領域でありつつも公的領域としての性質も備えていた。近代になって財産と富が混同されてゆくのは、こうした閾（無人地帯）の消失とも無関係ではないだろう。

〈自分自身〉であるためのデモクラシー

もちろんプライベートな空間は重要である。休息の場所がなければ生活を送るのは難しい。

経済面でも、安定した住居という財産の有無が人生の見込みにおよぼす影響は大きい。土地、住居、仕事をもたない人びとは、近代の無産者の典型である。アーレントも「私的に所有された隠れ家としての私有財産」という言い回しを用いていた。

ただし他方で、彼女は財産を「世界の特定部分に自分の立ち位置を占めていること」とも述べていた。こちらにはより積極的なニュアンスがある。財産もまたこの意味で、私的なものと公的なものの閾といえるかもしれない。つまりそれは、一方では外部からのダメージを軽減する防壁であるとともに、他方では外部へと積極的にかかわっていく際の足場となるようなものなのだ。

第3章の終わりで、財産所有のデモクラシー（property-owning democracy）には語源からすると、「〈自分自身〉であるためのデモクラシー」というニュアンスがあると述べた。以上の考察につなげて論じ直せばこうなる。

財産所有のデモクラシーは、消極的には各人が〈自分自身〉を奪われないことをめざす。とりわけ恵まれない人びとにも一定の財産を保障し、さらに一部の特定層だけが財産をもちすぎることを防ぐことで、抑圧や支配からの解放を目的とする。

他方でそれは、積極的にはユニークな〈自分自身〉をもつ人びと同士がかかわり合うことをめざす。人びとがさまざまなコミュニティに帰属し、たがいの価値観を認め、ときに変容してゆくことを肯定する。対等な存在としての複数の人びとが、それぞれ自尊をもつことのできる社会の実現を目的とする。

これらは思想史家バーリンのいう二つの自由概念、すなわち消極的自由（干渉の不在）と、積極的自由（理想への自己実現）にも対応する。二度の世界大戦を目撃した彼は、消極的自由をまずもって擁護した。積極的自由はときとして専制政治に悪用されてきたからである。

だがバーリンは、もちろん消極的自由だけがあればよいとは考えなかった。

私が使用する意味での自由は、たんに欲求不満がない（それは欲望を殺すことによってもえられよう）というだけにおわるのではなく、可能な選択や活動に障害がないということ――人が歩もうと決意しうる道に障害が存在しないこと――をも含むのである。こうした自由は、究極的には……どれぐらい多くのドアが開かれているか、どれぐらい広く開かれているか、またそれが私の生活にどれぐらい相対的な重要性……をもっているかによるのである。[29]

財産所有のデモクラシーは、したがって、支配の不在をめざすとともに、多種多様な仕方で〈自分自身〉であることができるように、なるべく多くの「開かれたドア」があることにも配慮する。それは価値の一元化を招きがちな能力主義から距離をおくことを意味する。

そろそろ結論に移ろう。本書では基本的に「デモクラシー」の表記で統一してきたが、これにも民主制（民主政）と民主主義という二つの訳語がある。簡単にいえば、制度としてみるか、それとも理念としてみるかという違いである。第4章と第5章は民主制、この第6章は民主主義としての財産所有のデモクラシーに重点をおいた。もちろん重要なのは、制度と理念の「両者を不断に結びつけていくこと」である。[30]

財産所有のデモクラシーにおいても、経済上・政治上の平等から評価上の平等を切り離すことはできない。経済権力や政治権力の不平等の是正はそれだけでも大変な課題ではある。しかし、たとえばピケティが『資本とイデオロギー』で述べるように、いかなる格差が正当化されうるかは人びとの価値観にかかっている。[31] 平等への道は制度と理念、そして現実が結びつくところに開かれる。

評価上の平等をめざす二つの方向性を示しておきたい。第一に、抑圧されている立場からの声を傾聴しようと試みることである。シュクラーは「不正義が正義に先行する」と考えたが、同様にして、不平等への申し立てをつうじてあるべき平等のかたちが像を結んでくるところがある。本書でも、まず第1章で具体的な不平等についてみたのち、第2章以降で平等について考察してきた。

彼女によれば、デモクラシーにおいては不正義の感覚がとくに配慮されねばならない。「民主的思考様式では、不正義の感覚は、私たちの道徳的構造の不可欠な要素として、また不当な社会的剝奪に対する適切な反応として、その存在を承認されている」[32]。そうした感覚や声にみてみぬふりをするとき、私たちは積極的に危害を加えていないとしても、正当化できない不平等を含む、受動的な不正義に加担している。それでは「局所的な平等化」を脱することはできない。

第二に、アーレントのいう富（資本）のプロセスに回収されない事柄や時間を大切にすることである。金銭が（さほど）介在しないギブアンドテイクの関係性を築くこと。具体的で直接的な人間関係を重視すること。他律的ではない趣味に打ち込むこと。それぞれじぶんの時間を生き、忘れがたい一瞬の光景を記憶に刻み込むこと。時間どろぼうに対してノーといえる、自分なりのスタイルをつくりあげることが重要なのだ。そうした人びとが多くなるにつれ、コミュニティや開かれたドアの数もまた増えてゆくだろう。

もっとも、資本主義や市場経済を全面的に否定することはできないし、すべきでもない。富を押しとどめることはできるが、富のない世界に戻ることは不可能である。とはいえ、少なくとも賢明な消費者であることは可能だ。たとえば、安くて品質がよい商品だとしても、苦汗工場《スウェットショップ》によって生産されているなら、そうしたものを買わないでいることができる[33]。小さなことだとしても、それは不平等を是正する一歩となる。

「自己の内なる体制」

財産所有のデモクラシーは制度と理念の両側面を含む。その意味でこの構想は、プラトンやアリストテレスのいう体制《レジーム》に相当する（第1章）。すなわちそれは、たんに社会ではなく個人のあり方をも、あるいは両者がいかなる関係にあるべきかを主題とするものだ。だとすれば、このテーマについて考察した古典中の古典、プラトンの『国家』にふたたび立ち戻ることは、締めとしてふさわしいかもしれない。

『国家』の問いは「正義とは何か」であり、ソクラテスをはじめとする登場人物はさまざまな問答を交わす。あらすじはこうなる。「正しい人とはどのような人か」が最初に問われるが、先にまず「正義にかなった社会」を考えてみようとなる。そのうえで「正義にかなった人生は善い人生でもあるのか」について検討される。『国家』の最終的な目的はこの問いに肯定的にこたえることである。

論敵のトラシュマコスはこう考える。「好き勝手にふるまって罰を受けないこと」が最善だが、反対に「好き勝手にされて仕返しできないこと」は最悪である。正義とは両者の妥協、つまり打算による作りごとにほかならない。対してソクラテス（プラトン）は、正義とは

「本質的に調和のある状態」だとして反論する。むきだしの欲求に囚われたり、他人を害して自分が得することはまったく正義にかなっていない。

これだけだといかにもな説法だが、ギュゲスの指輪という思考実験を用いて議論に奥深さと面白さを加えている。この指輪をもつ者は、好きなときに透明人間になることができる。悪事をはたらいても露見することはない。つまり、トラシュマコスが支持するような生き方をすることが可能になる。不正な仕方で富や名声をほしいままにし、しかも罰せられることはない。

ソクラテスの観点からすれば、このとき「極端に不正な人」と「極端に正しい人」を想定できる。前者は指輪を悪用して、実際は好き放題にふるまっているが、他人からは立派に思われている人のことである。後者は反対に、実際は少しも不正を犯していないのに、誤解によって軽蔑されている人のことである。

はたして本当に幸福なのはどちらか。――後者である、とソクラテスは断じる。たしかに前者は好き放題にふるまうことができ、法で罰せられることもない。だがソクラテスによれば、極端に不正な人の魂は荒廃して休らうことがない。その人生は最悪の体制である僭主制に対応する。調和の正反対にある、自己のなかで引き裂かれた状態が、どうして真に幸福でありえるだろうか。

ソクラテスが声高に語るこの場面（第9巻のラスト）は『国家』の実質的なクライマックスといってよい。正義にかなった人生こそが善い人生でもあるのだ。それは調和のとれた生き方を意味するが、これを表現するレトリックが「自己の内なる体制《ポリテイア》（国制）」である。

「むしろ彼は」とぼくは言った、「自己の内なる体制に目を向けて、みずからの体制のなかにあるものを、財産の多寡によって、いささかでもかき乱すことのないように気をつけながら、できるかぎりこのような原則にもとづいて舵を取りつつ、財産をふやしたり消費したりすることだろう[34]」。

『国家《ポリテイア》』の大部分はあるべき国の検討にあてられるのだが、プラトンにとって、それはあるべき性格——自己の内なる体制——の考察と照応するものだった。興味深いことに、彼もここで財産に注目している。それはアーレントやロールズの用法と同一ではないとしても、重なり合う部分を多くもつように思われる。プラトンもまた、財産の必要性を認めつつも富の支配には警戒しただろう。

国家の制度も個人の性格も、同様にして、適切な仕方で配慮されねばならない。これはいまなお示唆的な考えだと思われる。たとえばミシェル・フーコーは、古代ギリシアの実践を念頭におきつつ「統治のテクノロジー」について考察している。統治とは一般に為政のテクニックを指すが、彼はそれを広いものとして捉え直す。そのなかには自己が自己に適切に向き合うこと（自己のテクノロジー）も含まれる。

古代ギリシア人にとって、自由とは隷属状態にないことであった。それは一方では僭主制に代表される政治的支配からの自由を、そして他方ではみずからの囚われや欲望の支配からの自由を意味した。フーコーはいう。「さまざまな法の規則や管理の技術、道徳やエートス、自己の実践などをみずからに与えることによって、権力のゲームのなかで、支配をできるだけ最小限におさえて活動することです」[35]。自分自身との関係において自由を確保すること、つまり自己への配慮が重要なのである。

ウォルツァーもまた、社会批判と自己批判の並行性を指摘している。複数の視点から多様な声があげられるとき社会批判は有効なものたりうる。同様にして「自己批判がもっとも私の役にたつのは内部の批判者がたくさんいる場合である」。ただし同時に、「自己は分割されてはいるが……完全に断片化してはいない。……ひとまとまりの公衆がいなければ、社会批判は足場を失う。同様に、ひとまとまりの自己・自我・〈私〉がいなければ、自己の批判の足場は失われてしまう」[36]。

自分自身の裡《うち》に、複数の声や評価軸やコミュニティをもつこと。否定的なものから目を背けるのではなく、むしろ手懐《てなず》けること。そうすることによって、囚われから免れ自由になること。プラトン自身の「自己の内なる体制」はまさにそうしたものであったように思われる。ソクラテスもトラシュマコスも、いうならばプラトンのオルター・エゴである。彼は自己内の複数の声にひとつの韻律を与え——途中からはソクラテスの声ばかりが響くとしても——〈自分自身の国家〉を築きあげたのだ。

　この体制《レジーム》は高度に理想的なものであるゆえに、現実的なものとなるのは稀にして困難であるだろう。財産所有のデモクラシーもあるいはそうかもしれない。一面ではフィクションだとしても、しかし、そうした理念への賭けや祈りが、ときに現実を凌駕《りょうが》し、ひいては変容させてきたのではなかったか。プラトン（あるいはソクラテス）に始まる政治哲学の歴史は、そのことをまぎれもなく物語っている。

おわりに——平等についての六つのテーゼ

①不平等は組み合わさることで一層の悪影響をもたらす

剥奪、スティグマ化、不公平なゲーム、支配といった不平等のなかには「みえにくい不平等」もあるが、放置すればやがて「みえやすい不平等」にゆきつく。いまの社会にはすでに、窮民問題、寡頭制問題、健康格差問題が認められる。それらはたんに経済・政治・評価上での不平等にとどまらず、人びとの内面を傷つけ社会のバランスを損なうものとなっている。

②平等の要点は「局所的な平等化」をこえた支配の不在にある

平等は、一定の生活水準の保障、不遇な人びとへの優先的な配慮、不運の補償にもかかわるが、それらに尽きない。平等がめざすべきゴールは、支配や抑圧ができるだけ存在しない、対等な関係の人びとからなる社会である。一人ひとりはユニークな個性（差異）をもつが、それを差別や多大な格差につなげてはならない。理想的には、差異が転じて平等の基礎となるような格差の設定をめざすべきである。

③公正な能力主義は平等主義を意味しない

能力主義がめざすのは平等ではなく不平等の正当化であり、しばしば多大な格差の方便となる。それを避けるためにも、正義と功績をいったん切り離し、後ろ盾となる社会制度を第一に考えるべきである。機会の平等もそれだけでは不充分だ。制度の正当化・手続きの公正性・実質的な機会をあわせて配慮せねばならない（場合によってはＡＡも正当化される）。能力主義や功績の考えは、正義にかなった制度に埋め込まれてこそ機能する。

④事後の再分配ではなく、事前の分配が重要である

多大な格差は、それ自体でも問題だが、未来の可能性をも蝕む。支配を防ぐためには、一部の階層や集団に富や権力が偏るのを防ぎ、誰もが（人的資本も含む）資本をストックできるようにせねばならない。とりわけ教育への投資は重要である。賃金格差を縮小するだけではなく、職場環境を改善することも必要となる。状況によってはベーシック・インカムのような取り組みも選択肢に入るだろう。

⑤私的利益が公共的利益にとって代わるのを見過ごしてはならない

利益集団が政治権力を握ると徒党の問題がたちまち発生する。一見中立的なようにみえて、公益の偽装のもとに私益が追求される。経済力が政治力に変換されるのを防ぐこと。部分と全体を短絡するレトリックに警戒すること。そして政治を単純なディールではなく精巧なゲームにすること。そのためには政党やメディアといった公共性のインフラの修繕を怠るべきではない。政治参加を促す新たな仕組みも重要である。

⑥一元的な基準から距離をおき、多元的な価値を配慮すること

一元化された社会は、誰にとっても生きづらいものになりがちである。時間どろぼうにそそのかされた世界は単調で貧しいものとなってしまう。そうではなく、複数性を配慮し、自分が価値を見出せる多様なコミュニティに帰属すること。そして〈自分自身〉の裡に複数の声や価値観を含むひとつの体制《レジーム》を築くこと。そのような人びとのあいだで、平等についてのさらなる対話を始めることができるだろう。

あとがき

「平等と不平等」をテーマにした本はいかがでしょうか、との話をいただいたとき、率直にいって最初はためらいを覚えた。政治理論の分野に限定しても平等論の研究は盛んであり、私よりも適任だろう書き手の顔や名前がただちに多数浮かんできたからである。その時点では、この論題で本を書く構想はまったくあたためていなかった。

とはいえ、せっかく話をもらったのだから、と考え直すうちに、自分にとっても平等は重要なテーマであったことにあらためて気づかされた。参照した論考の多くは、実際、学生時代から目を通してきたもので、ゼミや勉強会で読み合わせたものも少なくない。再読するなかで、さまざまな記憶が甦ってくると同時に、おのずと全体の構成ができあがっていた。

そうした成り立ちのためか、本書はもちろん一般的な入門書を意図したものだが、「はじめに」など、個人的な体験やエピソードもほんの少しだけまじることになった。いわば授業中の雑談や余談のような趣向だと考えてほしい。私自身は講義内容よりもそうした些事《さじ》のみを憶えているタイプなのだが、それはさておいて、読者の方々は参考文献や読書案内を手がかりにしてさらに学びを深めていただければ幸いである。

もっとも、この本を読みながら、一人ひとりが「それぞれじぶんの時間」(『モモ』)につながる何かを想起してくださるなら、それはそれで著者冥利《みょうり》に尽きるというものだ。

本書の企画が立ち上がったのは岡山商科大学に着任してまもないころだった。恵まれた環境で執筆をすすめられたことに、まずなにより、商大の同僚の教職員の方々、そして学生のみなさんに感謝したい。なにかと慌ただしい時世だが、この大学にはどこか懐かしい雰囲気が残っており、そうしたなかで教育や研究ができるのをありがたく思う。

岡山大学、高崎経済大学、拓殖大学、東京外国語大学、早稲田大学でおこなった非常勤での講義の成果も本書には反映されている。受講生が二人しかおらず三人でプラトンの『国家』を読んだ授業、参加者の大半が女性で私のほうがフェミニズムについて多くを学んだ集中講義など、思い出深いものも少なくない。コロナ禍のようなつらい時分もあったが、学生からのリアクションはいつもさまざまな動機づけをあたえてくれた。

そして最後に、楊木文祥さんと胡逸高さん、二人の編集者に感謝したい。楊木さんは『ジョン・ロールズ』につづいて新書を執筆する機会をつくってくださった。胡さんはお忙しいなか作業を引き継いでいただき、こまやかな仕事をしてくださった。お二人がいなければこの本が書かれることはなかった。ありがとうございました。

2025年2月

田中将人

13 ロールズ、2010、§67
14 ロールズ、2010、§81
15 ウォルツァー、1999、1章
16 同上
17 Scanlon, 2003, ch.11
18 Scanlon, 2018, ch.4
19 ウォルツァー、1999、日本語版へのあとがき
20 シュクラー、2023、はじめに
21 シュクラー、2023、3章
22 ウォルツァー、1999、日本語版へのあとがき
23 アレント、2023、7-24節；齋藤、2020、3-4章
24 アレント 2023、8節
25 同上
26 アレント、2023、9節
27 山本、2015、1章
28 アレント、2023、8節
29 バーリン、2000、序論
30 宇野、2020、結び
31 ピケティ、2023、結論
32 シュクラー、2023、3章
33 ヤング、2022、5章
34 プラトン、1979、9巻
35 フーコー、2006
36 ウォルツァー、2004、5章

11 橋本 2018、3 章
12 ロールズ 2020、§42.3
13 O'Neill 2017
14 ピケティ 2022、序文
15 市野川 2006
16 ロールズ 2020、§42.4
17 Chandler 2023, ch.7-8
18 大庭 2018
19 ロールズ 2020、§42.3
20 同上
21 松尾 2019、3 章
22 ピケティ 2023、17 章
23 O'Neill 2015
24 ロールズ 2020、§42.4
25 Chandler 2023, ch.7
26 ロールズ 2022、ペーパーバック版への序論
27 Chandler 2023, ch.8；大澤 2020
28 ハーシュマン 2005
29 ピケティ 2023、11 章
30 Chandler 2023, ch.7
31 Lindert 2021
32 ロールズ 2020、§53.2
33 パリース 2009、6 章 8 節
34 ピケティ 2014、14-15 章
35 ピケティ 2023、17 章
36 Chandler 2023, ch.7
37 伊藤 2017、2 章

第5章

1 ピケティ 2023、14-15 章
2 遠藤・ウィリー 2019
3 ピケティ 2014、5 章、11 章
4 Gilens and Page 2014
5 木庭 2018、第 3 回
6 マキアヴェッリ 2011
7 スキナー 1991、3 章
8 ロールズ 2020、§45.1
9 ロールズ 2020、§45.2（強調は引用者）
10 ロールズ 2020、§43.3
11 井上 2007；松尾 2022；福間、2023
12 ロールズ 2020、§43.5
13 マキァヴェッリ 2011、第 1 巻 34 章
14 スウィフト 2011、3 章
15 ロールズ 2020、§45.3
16 ミュラー 2022、1 章
17 稲葉 2017、7 章
18 Honig 2017
19 ミュラー 2017
20 ミュラー 2022、1 章
21 マキァヴェッリ 2011、第 3 巻 1 章
22 ミュラー 2022、2 章（強調は原文）
23 金子 2023、7 章
24 ミュラー 2022、3 章
25 ピケティ 2023、17 章
26 ミュラー 2022、4 章
27 前田 2019、4 章
28 牧野 2023、4 章
29 柄谷 2007、3 章
30 ミュラー 2017、結論
31 マルクス 2008、7 章
32 柄谷 2007、3 章
33 山口 2020；瀧川 2022

第6章

1 ケース・ディートン 2021
2 ネーゲル 1989、7 章
3 サンデル 2021、5 章
4 ハーデン 2023
5 ロールズ 2010、§17
6 サンデル 2021、6 章
7 エンデ 2005
8 ロールズ 2020、§43.1
9 齋藤 2020、1 章
10 ロールズ 2010、§67
11 ロールズ 2020、§17.3
12 Wenar 2023

注記一覧

第1章

1　プラトン 1979、8巻
2　古田 2019
3　チュルニス・ハーディ 2021
4　ケリー 2023
5　ロールズ 2020、§39.1；Scanlon, 2018；齋藤 2017、第2部
6　スミス 2020、1編1章
7　見田 2008
8　ヘーゲル 2000、244節への補足
9　アリストテレス 2023
10　シュトラウス 2023、1章
11　プラトン 1979、8巻
12　同上
13　ダニエルズ・ケネディ・カワチ 2008
14　ケース・ディートン 2021
15　ロールズ 2010、§67
16　ホッブズ 2022、13章

第2章

1　フランクファート 2016
2　同上
3　ロールズ 2020、§13.1（傍線は引用者）
4　パーフィット 2018
5　ケリー 2023、5章
6　ヤング 2022、4章
7　フーコー 2006
8　ルソー 2008
9　アンダーソン 2018
10　ロールズ 2010、§17
11　ロールズ 2020、§13.1；齋藤・田中 2021、2章
12　ロールズ 2010、§17
13　スウィフト 2011、3章
14　コーエン 2006
15　田中 2017
16　ロールズ 2020、§21.3
17　ロールズ 2010、§17。ただしこのフレーズは『正義論』初版に出てくるもので、邦訳が底本とする改訂版では削除されている。

第3章

1　ネーゲル 1989、7章
2　ヤング 2021
3　ロールズ 2010、§12
4　サンデル 2021、5章
5　サンデル 2021、6章
6　ローゼンフェルド 2022
7　Scanlon 2018, ch.8；ロールズ 2010、§48；ロールズ 2020、§20
8　スウィフト 2011、1章
9　Scanlon, 2018, ch.4
10　ロールズ 2020、§50.5

第4章

1　ピケティ 2014、10章
2　ピケティ 2014、7章
3　ピケティ 2014、14章
4　ピケティ 2014、15章
5　ピケティ 2014、11章
6　ピケティ 2023、はじめに
7　ケインズ 2008、24章。この訳文は、堤林 2016、1章に引かれているものを参考にした。
8　ピケティ 2023、はじめに
9　「中央公論」編集部編 2021
10　橋本 2020、7章

図版出典

図1-1　https://www.paginaindomita.com/isaiah-berlin/
図1-3　https://commons.wikimedia.org/wiki/File:Leo_Strauss_USA_1939.jpg　Monozigote -CC BY-SA 4.0
図3-2　https://commons.wikimedia.org/wiki/File:Michael_Sandel_Me_Judice.png　MeJudice　CC BY 3.0
図3-3　T. M. Scanlon, Why Does Inequality Matter?, Oxford University Press, 2018.
図4-1　https://commons.wikimedia.org/wiki/File:Thomas_Piketty,_2015_(cropped).jpg　Gobierno de Chile　CC BY 2.0
図4-2　https://www.lopinion.fr/economie/daniel-chandler-la-philosophie-liberale-a-avance-les-politiques-ont-besoin-de-rattraper-leur-retard　Antonio Olmos
図4-3　https://commons.wikimedia.org/wiki/File:Philippe_Van_Parijs_Library_2.jpg　Sven Cirock　CC BY 4.0
図5-2　https://commons.wikimedia.org/wiki/File:Prof._Jan-Werner_M%C3%BCller_(51188135795).jpg　Heinrich-Böll-Stiftung　CC BY-SA 2.0
図5-3　共同通信社
図6-1　ミヒャエル・エンデ『モモ』大島かおり訳、岩波少年文庫、2005年
図6-2　https://jewishphilosophyplace.com/2024/03/22/victims-and-cruelty-judith-shklar/
図6-4　アフロ

＊注記のない図版はpublic domainである

訳文庫、2008年
ジェイク・ローゼンフェルド『給料はあなたの価値なのか——賃金と経済にまつわる神話を解く』川添節子訳、みすず書房、2022年
ジョン・ロールズ『正義論』川本隆史・福間聡・神島裕子訳、紀伊國屋書店、2010年
ジョン・ロールズ『公正としての正義 再説』田中成明・亀本洋・平井亮輔訳、岩波現代文庫、2020年

Daniel Chandler, *Free and Equal: What Would a Fair Society Look Like?*, Penguin, 2023.
Martin Gilens and Benjamin. I. Page, "Testing Theories of American Politics: Elites, Interest Groups, and Average Citizens" *Perspectives on Politics* 12（3）2014, 564-581.
Bonnie Honig, *Public Things: Democracy in Disrepair,* Fordham University Press, 2017.
Peter H. Lindert, *Making Social Spending Work,* Cambridge University Press, 2021.
Martin O'Neill, "Philosophy and Public Policy after Piketty" *The Journal of Political Philosophy* 25（3）2017, 343-375.
T. M. Scanlon, *The Difficulty of Tolerance*, Cambridge University Press, 2003.
T. M. Scanlon, *Why Does Inequality Matter?,* Oxford University Press, 2018.
Leif Wenar, "A Society of Self-Respect." in Paul Weithman（ed.）, *Rawls's A Theory of Justice at 50*, Cambridge University Press, 2023, 336-355.

トマ・ピケティ『来たれ、新たな社会主義——世界を読む 2016-2021』山本知子・佐藤明子訳、みすず書房、2022年
トマ・ピケティ『資本とイデオロギー』山形浩生・森本正史訳、みすず書房、2023年
ミシェル・フーコー「自由の実践としての自己への配慮」廣瀬浩司訳、『フーコー・コレクション5——性・真理』小林康夫・石田英敬・松浦寿輝編、ちくま学芸文庫、2006年、292-336頁
福間聡「ロールズを非理想化する——修正された第一原理の制度化にむけて」『東北哲学会年報』39巻、2023年、65-87頁
プラトン『国家』藤沢令夫訳、岩波文庫、1979年
ハリー・フランクファート『不平等論——格差は悪なのか?』山形浩生訳、筑摩書房、2016年
古田拓也「政治思想史と政治理論——クェンティン・スキナーの自由論をめぐって」『思想』1143号、2019年、23-42頁
G. W. F. ヘーゲル『法哲学講義』長谷川宏訳、作品社、2000年
トマス・ホッブズ『リヴァイアサン』加藤節訳、ちくま学芸文庫、2022年
前田健太郎『女性のいない民主主義』岩波新書、2019年
ニコロ・マキァヴェッリ『ディスコルシ——「ローマ史」論』永井三明訳、ちくま学芸文庫、2011年
牧野百恵『ジェンダー格差——実証経済学は何を語るか』中公新書、2023年
松尾隆佑『ポスト政治の政治理論——ステークホルダー・デモクラシーを編む』法政大学出版局、2019年
松尾隆佑「経済デモクラシー再考——共和主義・財産所有・当初分配」『法学志林』120号、2022年、1-33頁
見田宗介『まなざしの地獄——尽きなく生きることの社会学』河出書房新社、2008年
ヤン=ヴェルナー・ミュラー『ポピュリズムとは何か』板橋拓己訳、岩波書店、2017年
ヤン=ヴェルナー・ミュラー『民主主義のルールと精神——それはいかにして生き返るのか』山岡由美訳、みすず書房、2022年
山口晃人「ロトクラシー——籤に基づく代表制民主主義の検討」『政治思想研究』20号、2020年、359-392頁
山本理顕『権力の空間/空間の権力——個人と国家の〈あいだ〉を設計せよ』講談社選書メチエ、2015年
アイリス・マリオン・ヤング『正義への責任』岡野八代・池田直子訳、岩波現代文庫、2022年
マイケル・ヤング『メリトクラシー』窪田鎮夫・山元卯一郎訳、講談社エディトリアル、2021年
ジャン=ジャック・ルソー『人間不平等起源論』中山元訳、光文社古典新

2020年
齋藤純一・田中将人『ジョン・ロールズ――社会正義の探究者』中公新書、2021年
マイケル・サンデル『実力も運のうち――能力主義は正義か?』鬼澤忍訳、早川書房、2021年
ジュディス・シュクラー『不正義とは何か』川上洋平・沼尾恵・松元雅和訳、岩波書店、2023年
レオ・シュトラウス『政治哲学とは何であるか?』飯島昇藏・石崎嘉彦・近藤和貴・中金聡・西永亮・高田宏史訳、早稲田大学出版部、2014年
アダム・スウィフト『政治哲学への招待――自由や平等のいったい何が問題なのか?』有賀誠・武藤功訳、風行社、2011年
クェンティン・スキナー『マキアヴェッリ――自由の哲学者』塚田富治訳、未來社、1991年
アダム・スミス『国富論』高哲夫訳、講談社学術文庫、2020年
瀧川裕英編著『くじ引きしませんか?――デモクラシーからサバイバルまで』信山社、2022年
田中将人『ロールズの政治哲学――差異の神義論＝正義論』風行社、2017年
ノーマン・ダニエルズ、ブルース・ケネディ、イチロー・カワチ編『健康格差と正義――公衆衛生に挑むロールズ哲学』児玉聡監訳、勁草書房、2008年
「中央公論」編集部編『論争・中流崩壊』中公新書ラクレ、2001年
ジョシュア・L・チェルニス、ヘンリー・ハーディ「アイザィア・バーリンの生涯と思想」田中将人訳、『思想』1166号、2021年、148-174頁
堤林剣『政治思想史入門』慶應義塾大学出版会、2016年
トマス・ネーゲル『コウモリであるとはどのようなことか』永井均訳、勁草書房、1989年
橋本健二『〈格差〉と〈階級〉の戦後史』河出新書、2020年
橋本健二『新・日本の階級社会』講談社現代新書、2018年
アルバート・O・ハーシュマン『離脱・発言・忠誠――企業・組織・国家における衰退への反応』矢野修一訳、ミネルヴァ書房、2005年
キャスリン・ペイジ・ハーデン『遺伝と平等――人生の成り行きは変えられる』青木薫訳、新潮社、2023年
デレク・パーフィット「平等か優先か」堀田義太郎訳、広瀬巌編・監訳『平等主義基本論文集』勁草書房、2018年、131-205頁
アイザィア・バーリン『自由論』小川晃一・福田歓一・小池銈・生松敬三訳、みすず書房、2000年
フィリップ・ヴァン・パリース『ベーシック・インカムの哲学』後藤玲子・齊藤拓訳、頸草書房、2009年
トマ・ピケティ『21世紀の資本』山形浩生・守岡桜・森本正史訳、みすず書房、2014年

参考文献

アリストテレス『政治学』三浦洋訳、光文社古典新訳文庫、2023年
ハンナ・アレント『人間の条件』牧野雅彦訳、講談社学術文庫、2023年
エリザベス・アンダーソン「平等の要点とは何か（抄訳）」森悠一郎訳、広瀬巌編・監訳『平等主義基本論文集』勁草書房、2018年、65-129頁
市野川容孝『社会』岩波書店、2006年
伊藤恭彦『タックス・ジャスティス――税の政治哲学』風行社、2017年
稲葉振一郎『政治の理論――リベラルな共和主義のために』中央公論新社、2017年
井上彰「共和主義とリベラルな平等――ロールズ正義論にみる共和主義的契機」佐伯啓思・松原隆一郎編『共和主義ルネサンス――現代西欧思想の変貌』NTT出版、2007年、59-102頁
マイケル・ウォルツァー『正義の領分』山口晃訳、而立書房、1999年
マイケル・ウォルツァー『道徳の厚みと広がり――われわれはどこまで他者の声を聴き取ることができるか』芦川晋・大川正彦訳、風行社、2004年
宇野重規『民主主義とは何か』講談社現代新書、2020年
ミヒャエル・エンデ『モモ』大島かおり訳、岩波少年文庫、2005年
遠藤晶久著訳、ウィリー・ジョウ『イデオロギーと日本政治――世代で異なる「保守」と「革新」』新泉社、2019年
大澤津「財産所有デモクラシーと企業規制――職場民主主義推進の是非をめぐって」『北九州市立大学法政論集第47巻』2020年、153-178頁
大庭大「事前分配とは何か――政策指針と政治哲学的構想の検討」『年報政治学』69巻第2号、2018年、246-270頁
金子智樹『現代日本の新聞と政治――地方紙・全国紙と有権者・政治家』東京大学出版会、2023年
柄谷行人『日本精神分析』講談社学術文庫、2007年
ジョン・メイナード・ケインズ『雇用、利子および貨幣の一般理論』間宮陽介訳、岩波文庫、2008年
アン・ケース、アンガス・ディートン『絶望死のアメリカ――資本主義がめざすべきもの』みすず書房、2021年
ポール・ケリー『リベラリズム――リベラルな平等主義を擁護して』佐藤正志・山岡龍一監訳、新評論、2023年
G・A・コーエン『あなたが平等主義者なら、どうしてそんなにお金持ちなのですか』渡辺雅男・佐山圭司訳、こぶし書房、2006年
木庭顕『誰のために法は生まれた』朝日出版社、2018年
齋藤純一『不平等を考える――政治理論入門』ちくま新書、2017年
齋藤純一『政治と複数性――民主的な公共性にむけて』岩波現代文庫、

と労働観に注目する。玉手慎太郎**『ジョン・ロールズ――誰もが「生きづらくない社会」へ』**（講談社現代新書、2024年）はコンパクトな入門書である。

†財産所有のデモクラシー

和書ではまだモノグラフがないが、重なるテーマや政策を扱ったものとして**『政治の理論――リベラルな共和主義のために』**（稲葉 2017）や**『ポスト政治の政治理論――ステークホルダー・デモクラシーを編む』**（松尾 2019）のほか、以下の本がある。アラン・ライアン**『所有』**（森村進・桜井徹訳、昭和堂、1993年）。アンソニー・B・アトキンソン**『21世紀の不平等』**（山形浩生・森本正史訳、東洋経済新報社、2015年）。田中拓道**『福祉政治史――格差に抗するデモクラシー』**（勁草書房、2017年）。ジョセフ・E・スティグリッツ**『プログレッシブ キャピタリズム』**（山田美明訳、東洋経済新報社、2019年）。宮本太郎**『貧困・介護・育児の政治――ベーシックアセットの福祉国家へ』**（朝日選書、2021年）。

†規範的政治理論

すぐれた教科書が多数あるが、個人的におすすめなのは**『政治哲学への招待――自由や平等のいったい何が問題なのか?』**（スウィフト 2011）である。レベルが高めだが、宇佐美誠・児玉聡・井上彰・松元雅和**『正義論――ベーシックスからフロンティアまで』**（法律文化社、2019年）は充実した内容の一冊。よりスタンダードなものとしては、デイヴィッド・ミラー**『はじめての政治哲学』**（山岡龍一・森達也訳、岩波現代文庫、2019年）、齋藤純一・谷澤正嗣**『公共哲学入門――自由と複数性のある社会のために』**（NHKブックス、2023年）、川崎修・杉田敦編**『現代政治理論 新版補訂版』**（有斐閣、2023年）などがある。佐野亘・松元雅和・大澤津**『政策と規範』**（ミネルヴァ書房、2021年）は公共政策との接合をめざすものだ。

†政治思想史

宇野重規**『西洋政治思想史』**（有斐閣アルマ、2013年）は古代から現代までのスタンダードな通史。髙山裕二**『憲法からよむ政治思想史 新版』**（有斐閣、2024年）は政治思想史と日本国憲法を重層的に読みとく。**『政治思想史入門』**（堤林 2016）では政治思想とフィクションやオピニオンがいかに関連するのかが活写されている。野口雅弘・山本圭・髙山裕二編著**『よくわかる政治思想』**（ミネルヴァ書房、2021年）は日本政治思想史関連の項目も含む手引きとなる一冊。古典ではやはり**『国家』**（プラトン 1979）をすすめたいが、正義と弁論術をテーマとした**『ゴルギアス』**（複数の翻訳あり）もきわめて面白い。永井均**『倫理とは何か――猫のアインジヒトの挑戦』**（ちくま学芸文庫、2011年）はユニークな対話篇の教科書である。

読書案内

†平等

本格的な研究書として以下のものがある。木部尚志**『平等の政治理論――〈品位ある平等〉にむけて』**（風行社、2015年）。森悠一郎**『関係の対等性と平等』**（弘文堂、2019年）。広瀬巌**『平等主義の哲学――ロールズから健康の分配まで』**（齊藤拓訳、勁草書房、2016年）。井上彰**『正義・平等・責任――平等主義的正義論の新たなる展開』**（岩波書店、2017年）。木部と森は関係の平等主義、広瀬と井上は運の平等主義について踏み込んだ考察をしている。広瀬の編集・監訳による**『平等主義基本論文集』**（勁草書房、2018年）には、第2章で参照したパーフィットやアンダーソンのものをはじめ、重要な論文が所収されている。アイリス・マリオン・ヤング**『正義と差異の政治』**（飯田文雄・苅田真司・田村哲樹監訳、河村真実、山田祥子訳、法政大学出版局、2020年）もいまなお意義を失っていない。Stuart White, ***Equality***（Polity, 2007）には細見佳子による一連の紹介と翻訳がある（「平等論におけるメリトクラシーとインセンティヴ――ステュワート・ホワイト『平等』から」『九大法学』113号、2016年ほか）。

†不平等

本書の分析枠組みは**『不平等を考える――政治理論入門』**（齋藤 2017）と ***Why Does Inequality Matter?***（Scanlon 2018）に多くを負っている。スキャンロンの本は未翻訳だが、ごく短い要旨「なぜ格差が問題なのか?」は以下に収録されている。オリヴィエ・ブランシャール、ダニ・ロドリック編**『格差と闘え――政府の役割を再検討する』**（月谷真紀訳、吉原直毅解説、慶應義塾大学出版会、2022年）。ピケティにも彼自身による要約といえる**『平等についての小さな歴史』**（広野和美訳、みすず書房、2024年）がある。ピケティに批判的な観点から書かれているジェームス・K・ガルブレイス**『不平等――誰もが知っておくべきこと』**（塚原康博・馬場正弘・加藤篤行・鑓田亨・鈴木賢志訳、明石書店、2017年）も一読に値する。

†ロールズ

主著はもちろん**『正義論』**（ロールズ 2010）だが、まずは**『公正としての正義 再説』**（ロールズ 2020）から入るのもよいかもしれない。**『ロールズの政治哲学――差異の神義論＝正義論』**（田中 2017）と**『ジョン・ロールズ――社会正義の探究者』**（齋藤・田中 2021）も参考にしていただければ幸いである。福間聡**『「格差の時代」の労働論――ジョン・ロールズ『正義論』を読み直す』**（現代書館、2014年）は財産所有のデモクラシー

田中将人（たなか・まさと）

1982年広島県生まれ．早稲田大学大学院政治学研究科博士課程修了．博士（政治学）．専門は，政治哲学・政治思想史．早稲田大学助手，高崎経済大学・拓殖大学・早稲田大学非常勤講師を経て，現在，岡山商科大学法学部准教授．

単著『ロールズの政治哲学――差異の神義論＝正義論』（風行社）

共著『ジョン・ロールズ――社会正義の探究者』（中公新書）など

平等《びょうどう》とは何《なに》か

中公新書 *2846*

2025年3月25日発行

著　者　田中将人

発行者　安部順一

本文印刷　暁　印　刷

カバー印刷　大熊整美堂

製　　本　小泉製本

発行所　中央公論新社

〒100-8152

東京都千代田区大手町1-7-1

電話　販売 03-5299-1730

　　　編集 03-5299-1830

URL https://www.chuko.co.jp/

Published by CHUOKORON-SHINSHA, INC.

Printed in Japan　ISBN978-4-12-102846-4 C1210